ちょっとそこまで走り旅

三輪主彦

創文企画

はじめに

もうだいぶ昔の話だが、「『フォレスト・ガンプ』ってマラソン映画だよ！」とランニング仲間の田口さんが教えてくれた。さっそく見に行ったが、ちょっととろいが憎めないガンプ君がいろいろな人と出会い、ベトナム戦争を体験し、成長をしていくお話しだ。でもいつまでたってもマラソンは出てこない。ガンプ君は戦友との約束をはたしエビ養殖で大成功をおさめ大富豪になる。「なんだ、めでたしめでたしの話か！」と思っていると、財産を戦友の親族にわたして、突然何の前触れもなく走り始める。それも何日も何日も、そしてアメリカ大陸も横断してしまった。テレビでそれを知った人々はガンプ教の教祖様に従って走り始めた。しばらくたって、また突然彼は止まってみなを振り返った。なにか崇高な言葉を発するのではないかと人々は待っていたが、「やめた！」と言って一人で去り、昔の恋人のところに戻って行った。

ガンプ君がなぜ走り始めたのか、なにも説明はない。走っている間何を考えていたのかもわからない。なにかをふっ切って「やめた！」のかどうかも分からない。この監督はなにを考えて映画のクライマックスに超長距離ランニングを入れたのだろうか。主演のトム・ハンクスはとてもランニングが得意とは思えない。走るシーンは代役を立てたそうだ。たぶん製作者はウルトラマラソンに憧れを持っていたからなのではないかと、私はかってに推測して映画館を出た。

１９８４年にロスアンゼルスオリンピックがあった。女子マラソンが初めて正式種目になりベノイト選手が優勝したが、一番話題をさらったのは熱中症でフラフラになりながら競技場に戻って来たアンデルセン選手だった。私はそれをカナダの山中でテレビ観戦をしていた。山というのはマウント・テリー・フォックス。「テリー・フォックス物語」という映画は正真正銘ランニングの物語だ。ガンで右足を切断したテリー・フォックスはガン撲滅の基金を集めるため義足で大陸横断のランニングを始めた。しかし143日目5373キロを走ったところで肺への転移が見つかり走るのを断念。翌1981年に亡くなった。ロッキー山脈のロブソン山のそばに彼の名をとったマウント・テリー・フォックスがあった。カナダでは彼の名を知らない人という英雄だ。

この周辺の山の中をゆっくり走りまわるランナーに何回も出あった。マラソン大会ではない「走り旅」がここではごく日常だった。もしかするとガンプ君の映画の製作者は「テリー・フォックス物語」を見て、大陸横断マラソンの場面を挿入したのではなかろうか！

私の理想とする走りは、映画のガンプ君の走りである。なんの気負いもなくするするっと走りだし、走りの世界に浸って、理由もなくやめる。膝が痛いとか、道に迷った、制限時間に間に合わないとか、やめる理由はなにもいらない。やめたくなったからやめた、というのがいい。

「リタイヤ」などという言葉は、今の私には存在しない。目標に向かって懸命に努力しているわけではない。走りたくなったから、あるいはどこかへ行きたくなったから走ったり歩いたりしているだけだ。マラソン大会とは違って、歩いてもいい、休んでもいい、やめてもいい。このスタイルなら故障することもない。

いま私は奥さんと一緒に四国のお遍路さんをやっている（実は奥さんもホノルルマラソンを走ったり青梅マラソンには10回も出たランナーだった）。半世紀もの間無事に走り続けてこられたのは、自分たちの力だけではない。なにごとか畏れ多い存在が私たちを支えてくれたのではないか。どなたさまかはわからないので、とりあえず（という言い方は大変失礼だが）お大師様に感謝をこめて札所めぐりに出ている。四国八十八ヶ所の全行程は１４００キロある。まだ三十八カ所、６００キロしか歩いていないが、歩きたい時に歩き、やめたくなったら東京に戻りという行程なのでいつ完結するか分からない。あるいは途中で「やめた！」と言うかもわからないし、宗旨を変えて今はやりのサンチャゴデコンポステーラの巡礼に行くかもしれない。

私はいまやっと自分なりの走り旅ができるようになったが、若いうちから自分流のランニング観をもっている人たちが大勢いることはうらやましい。各章末にその方たちの著書のほんの一部を引用させてもらった。なかでも坪井伸吾さんがアメリカ大陸を横断ランを完結させるところは、まさにフォレスト・ガンプだと思った。

この本を企画して下さった山西哲郎先生にゴマするわけではないが、日本のランニングの世界に哲学と文学をもたらしたのは、まさにこの先生だと私は思っている。あの汗と涙と根性のランニングの世界にさわやかな風を吹き込んでくれた。頑張るのもいいが、頑張らなくてもいい走りができることを知れば、いつまでも長く走ることはできる。引退などしなくても生涯走っていられる。おかげさまでいつまでも楽しく走り歩きができています。みなさんに感謝です。

ちょっとそこまで走り旅—もくじ

第6章 自然を感じるジャーニーラン 129

第7章 かたじけなさに涙あふれる 151

第1章
行きかう年もまた旅人か！

1 わが家を　たたんで今日は　草加宿

【日光街道・草加宿から粕壁宿へ】（２０１２年５月）

日光街道の二番目の宿場である草加宿のはずれにすばらしい松並木がある。その入り口近くに立派な「百代橋」がある。百代は「はくたい」と読むのが正しいが、地元では「ひゃくだい」としている。ちょっと不満はのこるが由緒のある命名はいいことだろう。百代は松尾芭蕉の「おくのほそ道」の冒頭部分からとったものだ。

芭蕉さま（歴史上の人物でも尊敬する人には敬称をつけたくなる！）は日本人最初のジャーニーランナーだった、という私の仮説を実証しようと千住大橋から北に向かってジャーニーラン（走り旅）に出た。

「草の戸も　住み替わる代ぞ　ひなの家」

手放した家はすでに雛飾りを置く家に代わっていた。もうもどる家はない。芭蕉さまはこの句を作って道奥《みちのく》へ旅立つ覚悟を決めた。そして

「月日は百代の過客にして行きかう年もまた旅人なり」

と「奥の細道」（実際の道の名前）に旅立って行った。実にかっこいい旅立ちである。

芭蕉は深川から、大勢の弟子が見送る千住大橋へ舟でやってくる。千住大橋のたもとの小さな公園に出発の様子を描いたレリーフがはめ込まれている。

「行く春や　鳥啼き魚の　目は泪」

舟から上がった芭蕉と曽良は門弟たちに見送られて北へ向かう。その日は早加（草加）に泊まったと「おくのほそ道」（紀行文の書名）には書いてある。しかし草加まではわずか8・5キロだ。初日

にそんな短い距離で満足する芭蕉ではない。曽良の随行日記によれば、その日は日本橋から九里（36キロ）先の粕壁（春日部）に泊まっている。これがたぶん本当だろう。

しかしなぜ芭蕉は最初から宿泊地をごまかしたのか？「おくのほそ道」は旅案内書ではなく文学作品だから創作が多々あるという。しかし私は何らかの意味があったに違いないとにらんでいる。

妻子あるしがないサラリーマンの私は、家を手放して長途の旅に出ることなどできない。しかし少しはあこがれがある。連休を利用して芭蕉を追いかけ旅をしてみた。芭蕉と違って朝早く千住大橋を出発した。見送る人はいないから気楽に走りだす。すぐに長い千住新橋を渡る。芭蕉が千住新橋に

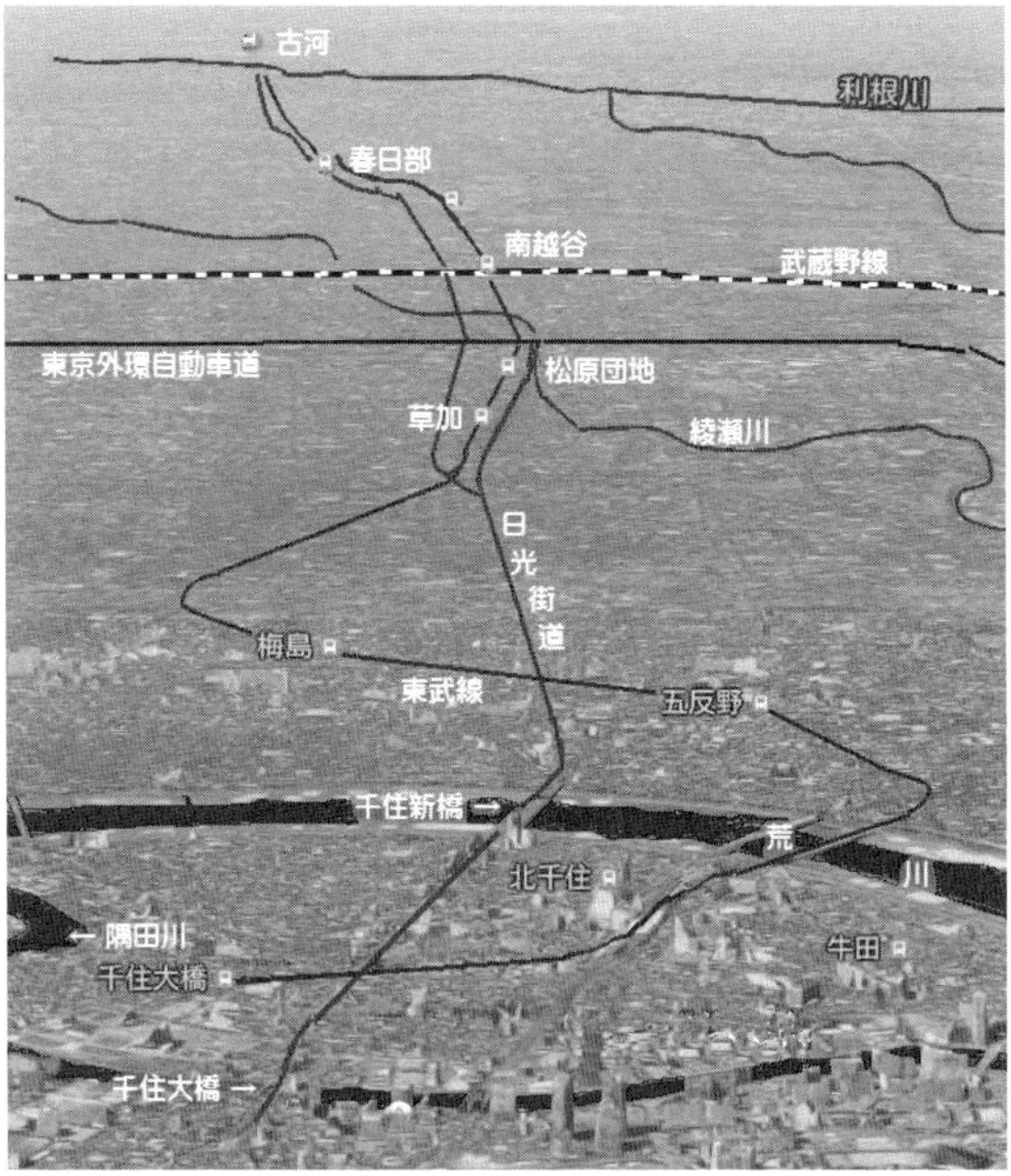

千住宿から草加宿へ

草加宿芭蕉の像

ついて何も記述がないのは、この橋が昭和になってできた荒川放水路にかかる橋だからだ。

　東武伊勢崎線の梅島駅前の旧日光街道をとおり草加に抜ける。旧道は車も少なく気分よく走れる。せんべいで有名な草加は日本橋から二番目の宿場だ。千住大橋からほぼ1時間半。草加宿には芭蕉初日の宿との記述がある。公式の書にある初日の宿場だから、これで売り出そうというのはわかる。しかし「実は草加宿には泊まらなかった！」と公表されたら、草加市は困るだろうな。

　草加宿の町はずれから1・5キロにわたって松並木道が続いている。ここは江戸時代にも千本松原として知られていた。今は綾瀬川沿いに遊歩道が整備され、子規や虚子など俳人の句碑が多く建てられている。芭蕉翁の像は、私の「ミニおくのほそ道」ジャーニーランの前途を見つめてくれる。

　松並木のなかに「百代橋」がかかっている。

百代橋の上から

　松原団地は獨協大学の通学駅。ここの学長さんは昔青梅や河口湖を一緒に走ったランナーだった。そのころ「走ってばかりいると脳みそが縮んでしまうぞ」と忠告されたが、賢い人はなにをやっても大丈夫なんだ。松原団地をすぎ、外環自動車道まで松並木は続いて

蒲生の一里塚

いる。すばらしい。

三番目の宿場の越谷をすぎ、四番目の宿場である粕壁（春日部）に入る。東陽寺に「伝芭蕉宿泊の寺」の碑がたっていた。「おくのほそ道」に記述はないので、「伝」となっている。

私は朝7時に千住大橋を出て、お昼に春日部に到着した。ほぼ5時間かかった。時速にすれば6キロほどだ。芭蕉は3月末、昼前に千住大橋を出て夕方粕壁についている。日本橋から九里、千住からは七里強（30キロ）。時速5キロで休みなく6時間歩かなければ到着できない。ふつうの若者でもなかなか難しい。まして45歳の芭蕉は今でいえば後期高齢者だ。翌日も雨の中、間々田まで九里（36キロ）を歩いている。

これはふつうの年寄りではなくかなり鍛えた「ランナー！」でなければ歩くことはできない。芭蕉忍者説が出るのももっともだ。本人が意識したかどうかは別で、私は芭蕉（はせを）こそ「ジャーニーラン」の先達だったと仮定している。おくのほそ道追っかけ旅で実証されたと私は満足した。

粕壁宿　東陽寺　伝芭蕉泊の寺

廿七日夜カスカヘ泊ル
江戸ヨリ九里余（曽良の日記）

千住宿―草加宿…9キロ・1時間半・旧道
草加宿―越谷宿…7キロ・1時間半・松並木
越谷宿―粕壁宿…12キロ・2時間・旧道

2

奥駈道　オンナが行くのは　いつの日か

【熊野・大峰奥駈《おくがけ》道を行く】（２００３年４月）

　世界的にみると日本は仏教国とされる。外国を旅行すると宗教を問われることがある。昔は無宗教と言い逃れた。しかし欧米、中東では無宗教は文明人でないと軽蔑されることに気がつき、それ以降はブッディスト（仏教徒）と称している。しかし神社の氏子だし、葬式は寺でやるし、日の出を拝むし、巨木巨岩に神が宿ると思う。私はほんとうに仏教徒といっていいのか？　自問しながら走ることも多い。

　熊野の大峰奥駈道を走って、答えのヒントを得ることができた。奥駈《おくがけ》は熊野古道の中でも特に厳しい修験者の道で、桜の名所吉野から熊野本宮大社までのほぼ１００キロを駈け抜ける。この修行道を拓いたのが「役行者《えんのぎょうじゃ》」である。実在の人物だがあまりにもスーパーマンなので架空の人物とされている。しかし吉野の蔵王堂の主であり、東京の山岳名所の高尾山や日光輪王寺にも祀られていることはあまり知られていない。

　奥駈が修験道の道場として拓かれたのは１３００年前。四国の遍路道よりも古い。現在は熊野本宮大社から吉野に北上する聖護院派の順峰、吉野から南に行き本宮大社に詣でる醍醐寺派の逆峰の二コースがある。靡《なびき》と呼ばれる行場は途中に七十五カ所あるが、現在でも全部をいく修行僧は少ない。江戸時代は吉野から入る逆峰《ぎゃくふ》が正当だった。

　奥駈道を歩いてはじめて知ったが、大峰山（山上ヶ岳）は「女人禁制」で、女人は奥駈修行はできない。縦走路には「女人結界」の石柱がたち、厳しい見張りがいる。

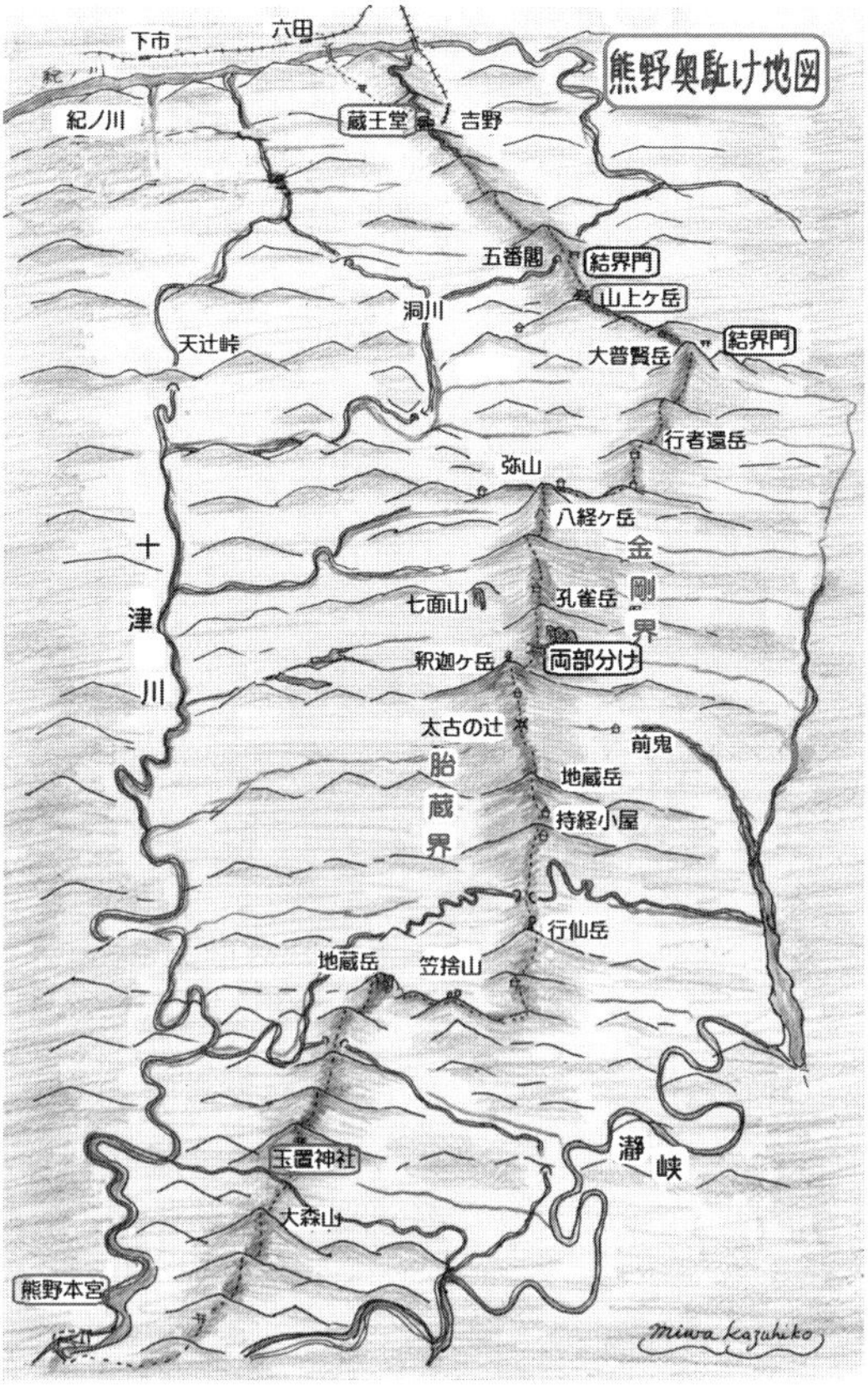

奥駈道を行こうとする女性は女人結界門から洞川《どろがわ》集落に降りて、迂回路を通って行者還岳で再び縦走路にもどる。１３００年間の伝統というが、他の山々はとうに女人禁制を解き、だれでも自由に登れるのに、大峰山だけが女人禁制である。ちなみに大峰山は深田久弥の百名山でもある。女性は最高峰の八経ケ岳を大峰山と読み替えて百名山完登としている。そんな姑息な！　堂々と登れるようにしなければ文明国とはいえないなあ。

友人の小森さんは和歌山県田辺在住のジャーニーランナーで、熊野古道をくまなく繰り返し歩いている。熊野小辺路、伊勢路、雲取越え路を一緒に歩いた後、「奥駈へ行きましょうか」と誘ってくれた。それまでの私の走りをみて、「これなら連れて行っても大丈夫！」と判断してくれたのだろう。

東京から夜行バスで京都駅経由近鉄吉野線で六田《むだ》へ。ここが本来の奥駈けの出発点である。昔の奥駈けは六田の河原で水垢離をして紀ノ川を渡り、登り始める。今回水垢離は省略して、細い山道をのぼる。草刈りの人が、「この道は通れないよ」というが、小森さんは通いなれた道。連休だったが全く人のいない吉野神宮を通過し、吉野葛や陀羅尼《だらに》助《すけ》の店を眺めて、蔵王堂に向かう。ここが大峰山修験の中心で蔵王権現をまつるお堂である。スキーで有名な蔵王山の総本山はここである。このあたりが中千本だが桜はとうに終わっている。

　高城山から、尾根筋にのびる吉野の町を眺め、いよいよ本格的な修験の山に入る。１２００ｍの守屋岳を越えるころから雲行きが怪しくなり、下界は晴れ間が見えるのに、空は暗くなってくる。奥駈の気分が高揚してくる。足摺小屋、二蔵小屋など設備のいい避難小屋

蔵王堂と中の千本サクラ

が適度の間隔であらわれてくる。こんな小屋に泊まりたいが、今日の目的地は五番関。まだ先は長い。大天井岳は巻き道を使い、豊富な水場をへてやっと五番関につく。もうほとんど日は落ちていた。こ

韋駄天山、後ろに蔵王堂

こに問題の「女人結界門」がある。「No Woman Admited」と英語で書いてある。

　小森さんは他の仲間とテント泊。私と下島さんは通称「走るホームレス」。テントもないので東屋のベンチの下に潜り込んで雨をしのぐ。雨と風と寒さで熟睡できなかったが、いい修行になった。初日はここまでにし、翌日からは修験者の後を追って熊野本宮に向

かった。

ところで自問の答えは役行者の「神仏なかよく習合」と結論。役行者は仏教と神道を習合させ、天照大神は大日如来、弟のスサノオは牛頭天王などインドの神さまと日本の神さまを融合させた。江戸期までは庶民はみなそれを信じた。しかし明治政府は日本を神国にするために廃仏毀釈を行い寺や仏像を破壊し僧を追放した。五重塔を薪に、重要な仏像も外国に売られた。しかしすぐに仏教は復活したが、「役行者」教は復活しなかった。しかし私の宗旨は江戸の皆さんが信じた「役行者」教徒とするのがあっているようだ。奥駈道を走ってそう感じた。

吉野古道イラストマップ

八経ヶ岳への道　立ち枯れが多い！

柳の渡し（11時00分）―吉野山（12時00分）―高城山（1時30分）―アシズリ小屋（3時40分）―二蔵小屋（4時30分）―水場（5時10分）―五番関女人結界門（6時00分）―テント（水なし）

3

山の辺で　やっぱり出てきた　ヒミコさま

【ヤマト国・山の辺の道を三輪山へ】（２００９年４月）

大和盆地には南北に下ツ道、中ツ道、上ツ道があり、さらに一段高い山側の春日山断層崖にそって「山の辺の道」がある。今は東海自然歩道、歴史散策の道と重なり、多くのハイカーに歩かれている。走るのに快適な道だが、狭い里道も多いので、歩く人の迷惑にならないようにしている。起点終点が決まっているわけではないが桜井の海柘榴《つばいち》市あたりから大神《おおみわ》神社を経て石上《いそのかみ》神宮を北上して白毫寺《びゃくごうじ》付近までのほぼ30キロを山の辺の道というようだ。

古代の大和盆地は広大な湿地で、初期の政権は盆地を見下ろす高台に都を作った。その名残は山の辺に点在する巨大な前方後円墳だ。近年三輪山のふもとにある箸墓古墳はヒミコの墓とされ、この地をヒミコの里と売り出している。

山の辺の道のなかでも私の好きなコースは天理の石上神宮から大神神社への12キロの道。起点終点は「ＪＲ万葉まほろば線」の〝駅からランニング〟なので遠方からでもオーケーだ。二上山に沈むすばらしい夕日を見てから駅に戻ることもできる。

ＪＲと近鉄の天理駅から大規模な街並を抜けると石上神宮にでる。この神社は物部政権の軍事拠点だったとされるが、今は静かでおごそかな雰囲気だ。ここから里道や古墳の間を抜ける細い土の道が続いており、休日ともなるとハイカーが多くなる。ムリに追い越さないで、のんびり景色を見ながら行く。最初の目標は5キロ先の長岳寺の「トレイル青垣」、ここは山の辺の道の休憩所でトイレ完備。目の前には崇神天皇陵の土手が見える。土手をあがって櫛山古墳との間を抜ける。さらに景行天皇陵をとおる。景行陵の長さは３００ｍ、崇神陵（２４０ｍ）より大きい。山の辺の道の下の方に見えるヒミコの墓（２８０ｍ）とあわせ、この三つが巨大な前方後円墳だ。通称は天皇陵だが、発掘は禁止なので本当に古代天皇が祀られているかは不明だ。

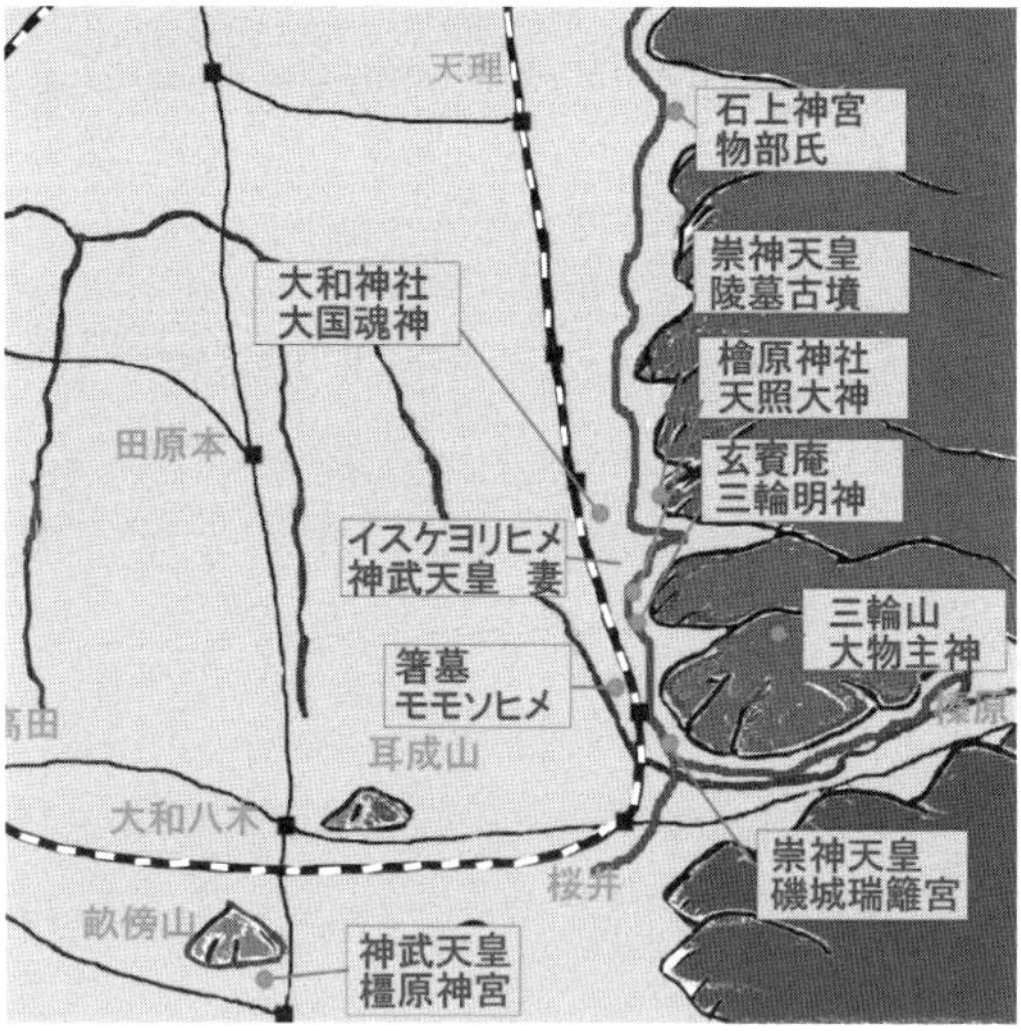

　景行陵を過ぎるころから山の辺の道の象徴である三輪山が見えてくる。額田王が
「三輪山をしかも隠すか雲だにも情あらなも隠さふべしや」

　と振り返りながら見た場所だ。

　私の一番心休まる場所で、いつも大休止をする。するとどこからともなく、

「思えば伊勢と三輪の神、一体分身の御事　いまさら何をいわくらや（何をいわんや）！」

の声が聞こえてくる。実はこれはお能の「三輪」の一節。わが奥さまが家でお稽古するとき、しばしば聞かされているので、それが

三輪明神の後宴能

山の辺の道をヒミコも通った

頭の中に残っていたのかもしれない。

しかしこれはなかなか意味深長な言葉だ。日本国の一番えらい伊勢の天照大神とローカルな三輪の大物主神とが、別れた身である、

額田王の碑から

という。古代の強大勢力に蘇我氏と物部氏がいたと歴史書にはある。物部氏の本拠地は山の辺の道周辺で、彼らの奉じる神は三輪山の大物主命だ。大物主の奥さんは箸墓に葬られたモモソヒメ。考古学では箸墓の主はヒミコらしい。

崇神天皇陵（行燈山古墳）

意味深長な伊勢と三輪の神。伊勢の神は女神で、ヤマト姫に連れられて初代天皇の山の辺の皇居（大和神社）から伊勢に移ったとされている。「そうか、三輪の神さまの奥さんを伊勢に祀ったんだ」と言うのが私の解釈だ。「い

まさら何をいわんや！」というのは当時の人は「そんなことだれでも知っているよ」との意味だ。魏志倭人伝にヒミコは独身と書いてある。神との結婚は神婚なので独身でもいいそうだ。

山の辺の道

檜原神社の先に玄賓庵があるが、そこの僧が語ったのが伊勢と三輪の物語である。本当かどうかを聞いてみたいので、門の中をのぞいたが、もちろん世阿弥の時代のお話しなので、確かめようもない。

三輪の神が訪れた玄賓庵

　玄賓庵を過ぎ、狭井《さい》神社でご神水《こうずい》をいただく。この神社で許可をもらえば三輪山の頂上を3時間で往復できる。山上には磐座《いわくら》があり、大物主命が祀られているが、信心が足りないのでお声を聞くことはできなかった。ヒミコさんの影を追ってみたが、少し手がかりができたかもしれない。大神神社を経てJR三輪駅に出た。

天理駅〈2キロ〉石上神宮〈2・5キロ〉夜都伎神社〈3キロ〉トレイル青垣〈1・2キロ〉景行天皇陵〈2・8キロ〉玄賓庵〈1・2キロ〉大神神社〈0・6キロ〉JR三輪駅

4

寅さんの　愛の棲家は　加計呂麻島

【奄美・加計呂麻島に寅さんが…】（2009年1月）

加計呂麻島、何と読むのかわからない島名だが、寅さんファンなら、涙を流すほどの懐かしい島だ。浅丘ルリ子演じるリリーさんの終の棲家があるのがこの島だった。寅さんは最後にここに流れ着いて、スクリーンから姿を消した。

山田洋次監督の「寅さんは　今」という碑がたっている。「寅さんこと渥美清さんは亡くなったのではない……。」と書いている。ちょっと旅に出ており、しばらくするとふらっと帰ってくるのだ。

寅さんファンの私は一度は行ってみたい島だった。しかし沖縄と九州の間にある奄美本島のさらに奥にある島へ行くチャンスはなかった。沖縄のような安売りチケットもない。しかし「ぐるーぷ・あいらんだあ」主催者の河田真智子さんが、30年目の同窓会を奄美大島の笠利で行うというのに便乗して奄美を訪れた。地図をみると笠利から加計呂麻島までは遠いが、バス便、船便はあるという。さらに同窓生の向後ご夫妻が北限のマングローブ林を見に行くとのことでマイクロバスに同乗させてもらった。

朝早く名瀬の宿をでて本島の南にある古仁屋港へ行き、10時20分発の瀬相《せそう》行きフェリーで瀬戸内海を渡った。フェリーは瀬相と生間《いけんま》の港へ交互に出ている。瀬相までは25分、生間までは20分である。港には行き先が書かれたミニバスが並んでおり、客を乗せると散り散りに走っていく。バスが出たあとは周りに誰もいなくなった。

とりあえずは10キロ先の生間に向かう。港を出るとすぐに上り坂になる。この島は沈水型のリアス

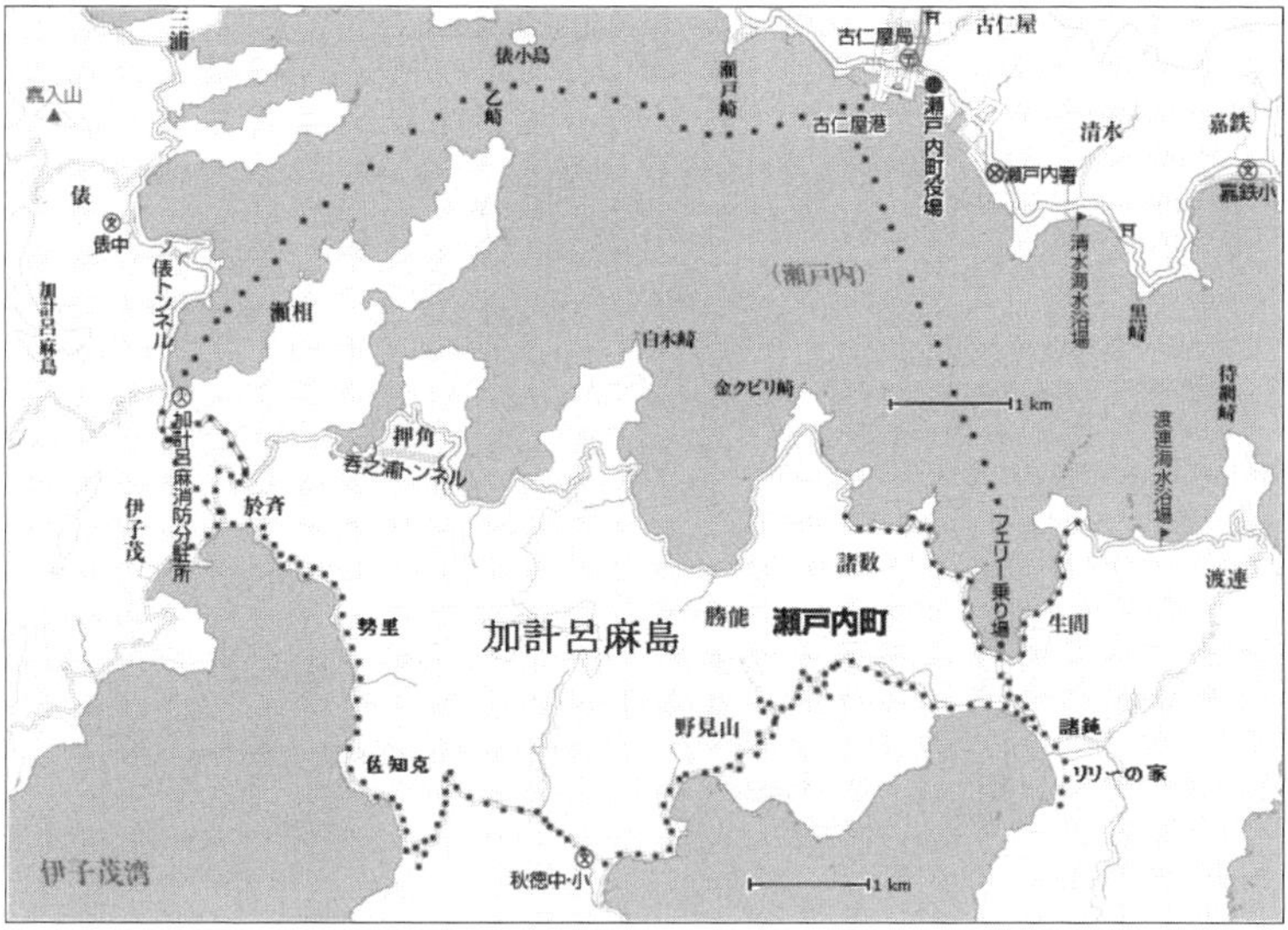

海岸なので隣の集落へは半島を越えなければならない。奄美焼酎飲みすぎで不調なので歩き始めたら、桟橋にまだフェリーが停まっているのが見えた。同窓会仲間が見ている。「走らなきゃ！」そんなにかっこつけなくてもいいのに。

　三差路で「於斉《おさい》のガジュマル」という標識が出てきた。下り道なので降りてみた。立派なガジュマルの林があり、そばに「男はつらいよ」の撮影地とかいてある。寅さんシリーズの最終回、「寅次郎・紅の花」で、リリーとミツオはこ

加計呂麻島の表玄関

峠　於斉への分かれ道

諸鈍長浜　リリーさんの家

森の中での深呼吸は気持ちがいい

のガジュマルの下を歩いた。私は渥美清さんが亡くなる直前の第48話は何度も見た。たいていの場面は思い出せる。ちょうど通りかかった軽トラックのオジサンと話していているうちに、「詳しい人がいるから」とさきほどの港まで軽トラに乗せられた。

おじさん達は寅さんとリリーさんの終の棲家が諸鈍集落にあるから行った方がいい！と言う。体調不良だったが、気風のいいタンカをきる寅さんを思い浮かべると、走れる気分になった。

港からトンネルをくぐって再び於斉へもどり、そこから外海岸を通って諸鈍のデイゴ並木を目指した。勢里という集落の浜辺もきれいだ。「オオッ！　この景色も見たぞ！」だんだんうれしくなり、調子も上がる。話を聞きたいのだが、入江ごとにある家々には人の気配はないので、看板で撮影地と確認するだけだ。

「私生まれも育ちも柴又で…」

「見上げたもんだよヤネヤのふんどし〜」

一人叫びをしながら佐知克までいく。ここからの峠越にかかるが、「あんな上まで！」と思うような所まで登っている。車が通らないかな！と思ったが、朝乗せてもらった車の他は見ていない。峠にたどり着くと、下からバイクが登ってきた。朝のフェリーで一緒だった郵便屋さんだ。「誰もいないね！」と言ったら「外海側の道は、めったに車は通りませんよ！」という。

　山にはいるとソテツやヘゴなど亜熱帯に来たという感じになる。照葉樹林に囲まれた峠は湿気も充分で、気分だけでなく身体の奥まで新鮮な空気が染みこんで完全にリフレッシュする。息苦しさが全くなく、深々と息を吸いこむことができる。

野見山の集落　上り下りがきつい

海上タクシー　エリザベス号

　秋徳の小学校前はめずらしい砂利の浜、そこを過ぎて野見山へ出て、さらに大きな峠を越えるとやっと目的地の諸鈍が見えてくる。せっかくきれいな空気でいい気分だったのに、なんかの工場の黒い煙が帳消しにする。諸鈍は島では大きな集落。長浜の向こうにデイゴの並木が続く。6月頃には真っ赤な花がみごとだというが、今は花はない。寅さんもリリーさんも今は留守。でも間もなく戻ってくるそうだ。
　諸鈍からは切り通しを抜け瀬戸内側の生間の港にでる。ちょうどやってきた海上タクシーエリザベス号にのって古仁屋に戻る（船賃250円）。
　山田監督を含め、毎年寅さん詣での人も多いと聞く。今回の私の寅さん追っかけのジャーニーラン、走行距離15キロ、2時間半の旅でした。

5 ミレトスの　古代神殿　巡るラン
【トルコ・エーゲ海岸の遺跡巡り】（２０１０年５月）

旅の途中「こんな場所を走ったら気持ちいいだろうな」と感じることがある。そう思ったらすぐに実行できるように、私はランニングパンツとTシャツはいつも準備している。革靴を履かなければならない場所には出入りしないので一年中ランニングシューズで通している。これは海外旅行のときでも同じだ。５月トルコのエーゲ海岸を旅行した。その途中、昔ヒッチハイクでたどった古代ギリシャの遺跡をランニングで訪れるのも面白そうと考えた。その昔は「走って旅をする」の発想はなかった。しかし時間が自由になる年齢になり、バスや鉄道だけが旅の手段ではない、歩いたり走ったりするのもいいものだと思うようになった。

エーゲ海岸のクシャダスという保養地に宿をとった。プリエネ、ミレトス、ディディムの三つの遺跡はほぼ20キロ間隔で直線上に並んでいる。古代ギリシャはエーゲ海を挟んで両側に都市が分布していた。海は隔てるものではなく、お互いをつなぐ道だった。このあたりはイオニア地方といい、哲学者ターレスはミレトスで「万物のもとは水である」と看破した。

ドルムシュという小型の乗合いバスでショケという町に行き、乗り換えてギュルバフチェという村に行く。その背後にプリエネの都市遺跡がある。世界遺産のエフェスにも負けないようなすばらしい遺跡だが、訪れる人は少ない。かなりの海抜高度のある都市遺跡からは眼下にマイアンドロス川が造った肥沃な平野が見渡せる。古代ギリシャの時代にはここはまだ入り江だった。円形劇場の椅子でランニングスタイルになり、荷物はザックに入れた。一緒にきた奥さまはドルムシュでミレトスの遺跡まで先回りすることにした。麦畑がひろがる広大な平野を、歩くのとおなじくらいの速さで走る。1時間ほど走ったがいっこうにドルムシュは追い越さない。それどころか車もほとんど通らない。ちょっと心配になるがミレトスにつくと、奥さまは「ドルムシュは朝晩1便しかないので、ご夫婦二人の安全そうな車に乗せてもらった」と先回りをしていた。

ミレトスには巨大な円形劇場が残っている。エフェスなど他の円形劇場は山や丘の斜面を削って観客席を作っているが、ここは平野に石を積んで2万5千人も入る建物を作っている。これは大変な土木技術だったが、地盤沈下しミレトスの円形劇場は半分水没している。空模様があやしくなったと思ったら、突然の土砂降り。エーゲ

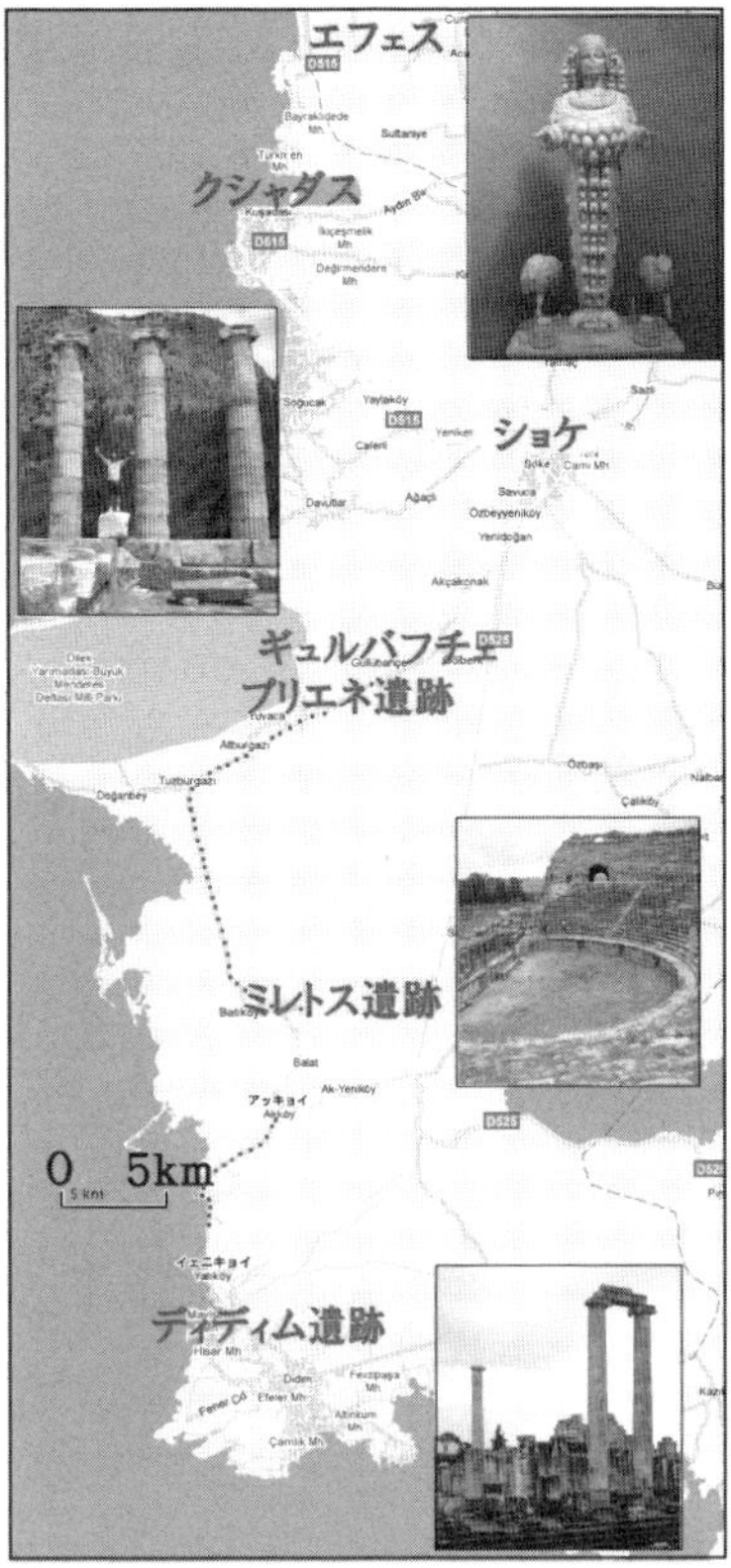

今回の走り旅の地図

プリエネ遺跡　これから走るぞ！

左：宿をとったクシャダスの港、エーゲ海クルーズの船が入る。走っている人は多い
右：ディディム神殿のメドゥサ、見た者を石に変えてしまう

海岸の天気は予測がつかない。遺跡前のテント張りの茶店で昼を食べて雨が止むのを待つ。小ぶりになったところでタクシーを頼み、近くのアクキョイ村に行く。

ここからディディムまではドルムシュが頻繁にある。奥さんが乗ったのを確認してから走り始める。古代ローマの時代ディディムには本土よりも大きなアポロンの神殿があった。ミレトスからは一直線の道路が続き、神託を伺うために大勢が巡礼に歩いたという。その巡礼道は、マイアンドロス川の氾濫によって、いまはたどることはできない。しかし歩ける距離だったという思いは、間違いだった。快適な前半の道に比べ、雨のせいもあるが思いのほか距離が長い。10キロほどよたよたと走っていたが、プロパンガスの運転手が見かねてトラックに乗れという。いつもは「自分の足で行くから乗らないよ！」と断るのだが、今回は好意に甘える！　たぶん「誰か

ミレトスの円形劇場、子供たちも歴史の勉強をしていた

乗せてくれないかなあ」というサインが体から表れていたのだろう。そのサインは世界共通かもしれない。運転手は途中の店で止めてチョコレートを買ってくれた。降りるときにお礼に10トルコリラを渡そうとしたが、「トルコ人は旅人を助けるのはあたりまえ、お

マイアンドロス川の作った平野。小麦畑が広がる

金を受け取るのは恥だ」（少しトルコ語は分かるので恥じ＝アユップぐらいはわかった）と絶対受け取らなかった。

　ディディムの神殿前で奥さんと落ち合って、神託を聞くために入場料を払い中に入る。雨がひどくなってきたので、見学者はいない。見る人を石に代えてしまうという

ドルムシュは小型乗合いバス

恐ろしい顔の「メドゥサ」が見張っていた。この神殿を支える柱は3本しか残っていないが、その巨大さは他の遺跡とは比べ物にならない。長い間埋もれていたのを掘り出したので、いまは茶店の方が高い所にあるが、昔は遠くの巡礼路からよく見えただろう。

　途中車に乗ったので、正しい巡礼者ではなくなった。そのためか耳をすましてみても「神託」は聞こえなかった。やはり車は断った方がよかったのかな。でも古代ローマの神さまは寛容なはずだが…。走行時間、距離は前半2時間半、20キロ弱、後半1時間半10キロ。帰りはクシャダスまではバスで2時間だった。

R・リード『ぼくの細道 ―芭蕉実踏見聞記―』1987年、窓社

私は本文で「芭蕉がジャーニーランナーの元祖だ」と記したが、リードさんが現代日本のジャーニーランナーの始祖だと思っている。この本を作った窓社の西山さんは山西先生の本の他、数々のランニング本を出している編集者だ。先見の明のある西山さんから「こんな本を作ったよ」と、リードさんの挿絵入りの本を紹介された。

曽良の随行日記に記された日時のとおりに5ケ月間かけて忠実にコースをたどり、その間にすばらしいスケッチを残している。彼はボストンマラソンでは2時間34分で走る本格的ランナー、本職は画家で、日米各地で個展を開いている。

私はこの本を読んで、ただちに芭蕉追っかけのジャーニーランを始めた。でもまだ立石寺までしか走っていない。

リードさんの2日目には、芭蕉の歩きについて書かれている。

「芭蕉と曽良はこの日40キロ歩いて間々田の町に泊まっている。古来の基準によると一里は4キロ弱、人が一時間に歩ける距離である。こうした長旅で一日に十時間も歩くというのは並大抵のことではなかったろう。

ぼくが間々田についたのは3時半ごろ。泊まる旅館も民宿もなかったので小山まで行かなければならなかった。最後の2、3キロはとてもきつかった。こうしてみると平均40キロというのは時間的な意味合い同様、肉体的にも限界であるような気がしてきた。」

本格的ランナーでも芭蕉の歩き（走り？）は驚異的であったのだろう。（三輪）

第2章

体に良くない？ジャーニーラン

6

箱根八里　甘酒茶屋で　ひと休み
【三島から箱根八里を箱根湯本まで】（２００４年11月）

正月の箱根駅伝を見るのが我が家の正月行事だ。そのうちテレビ観戦だけでは飽き足らず同じ場所を走ってみようと思い１月３日の早朝箱根湯本へ向かった。箱根の山の中は交通規制が敷かれているので、山下りが終わった小田原中継所脇で東京に向かって走る準備をし駅伝選手が来るのを待った。卒業生で早稲田の選手の付き添いをしていたＴ君が「そんなかっこで何やってるんですか？」と聞くので、「歩道を走って東京まで行くよ！」と言って別れた。

早稲田の選手が先頭でタスキを受けて走りだした。直後の走りはすごい速さ。私も全速力で走ったが次々と選手に置いて行かれた。駅伝選手は選び抜かれた人たち。テレビでみると「遅いなあ！」などと言うが、現地で見るととんでもなく速い。交通規制が解除になった東海道を東京に向けて、「今日中に戻るぞ！」と言って走りだした。歩道を全速で走ったために足首をひねり、膝には大いに負担がかかり、体全体に「違和感」が出てきた。この言葉はなかなかよく、やめる口実に使える。東海道線の二宮駅であっさり敗退。わずか12キロだったが、疲労は大変なものだった。不整地を全力で走れば必ず体に悪い影響が出る、まあ当たり前だがしっかりと実感した。もうこんな所絶対に走らないぞ！

ところが「蒲郡から東京まで走る！」というジャーニーランナーの鈴木さんが、「箱根越えが不安です」と言うのを聞き、「それじゃ私が案内をしてあげる！」としゃしゃり出た。「箱根」と聞くとすぐに駅伝ランナーを思い浮かべる体質になっているようだ。

　蒲郡から走って来た鈴木さんと清水駅で落ち合い、薩埵《さった》峠を越えその日は三島に泊まり、翌日箱根八里に向かった。三島大社から小田原宿の高札場まで、８７４ｍの箱根峠を越える32キロが箱根八里だ。ちょうど中間の箱根関所のそばに大学駅伝のスタートゴールがあるが、その先箱根湯本までの旧東海道は石畳道を甘酒茶屋に下るので、駅伝コースとは異なっている。

　暗いうちに三島大社の前の旧東海道を出て、真っ直ぐに進み、東海道線を越えて、錦田の一里塚を目指し箱根山の斜面を登る。一里塚のあたりから富士山が左手によ

錦田一里塚

く見えてくる。まだ国道一号線も車は少ない。塚原新田から旧道に入る。一号線はヘアピンカーブになるが、旧道は真っ直ぐ登っていくので気持ちがいい。ところどころで国道と交差する。山中城跡付近からの富士山は見事というほかはない。旧道の石畳は復元されているが、石畳道というのは歩きにくい。ましてや走るなどムリだ。

トンネル状になった笹薮を抜けると箱根のゴルフ場の脇に出る。舗装路をちょっと下がると箱根峠だ。眼下に芦ノ湖が見えてくる。ここから1キロほどは国道を行くが、有料道路入口など間違えやすいので注意が必要だ。国道脇から旧道に入り、急な階段を下って箱根の関所跡に出る。峠からは下りだが、三島大社から15キロ、私たちは3時間半で登って来た。鈴木さんはハセツネでも毎年1、2位のランナーだからこれぐらいは楽だが、私はぜいぜい言いながらの登りコースだった。なぐさめはすばらしい富士山の眺め。

山中城近くの石畳、鈴木さんと（2004年）

箱根駅伝のスタートゴール地点から関所を通って、杉並木をしばらく行く。芦ノ湖の先にみえる富士山も絶景だ。箱根神社の赤い鳥居で駅伝コースと別れ、石畳道を登る。ここからしばらくは石畳の

芦ノ湖と富士山

旧街道。写真によく出てくる場所だ。しかし滑るので走ることはできない。峠を越えると甘酒茶屋。私の一番お勧めの茶屋で、箱根に来たときには必ず休んでいる。茶屋の裏手に歩道があるので、舗装道路は行かないですむ。

甘酒茶屋でひと休み（2012 年）

　旧道の山道をのんびり行くと弥次喜多など多くの先人の歴史が感じられる。別の年のことだが私が下って行くと、下から登って来る現代弥次喜多二人組に出会った。これから京都まで走ると言うジャーニーランのレジェンド、浅井さんと越田さんだった。このお二人はアメリカ大陸横断、ヨーロッパ縦断など数々の超長距離を走りまわっておられる。60歳を越えてもまだまだ現役で１００キロや２００キロ何でもないと言うスーパーランナーだ。

浅井さん、京都へ向かう（2012 年）

　山道は畑宿付近で終わる。この先はかなりの急斜面の舗装道路を走り、二枚橋に出る。そこで箱根駅伝のコースと合流する。下り12キロ、2時間半だった。

　そのあとはほとんど舗装路を通って東京まで行った。鈴木さんは「箱根路はよかったが以降の舗装道路は二度と走りたくない」とのこと。私も東海道走りは体に良くないと実感したが、思い出しては時々走っている。懲りない人間だな。

7 アラビアの　炎暑の中では　走れません！

【アラビア湾ムバラス島一周新記録】（1986年8月）

東京オリンピックのマラソンは8月に行われる。ここ数年8月の気温は35℃を超える。マラソン競技が行われる道路は涼しい舗装にすると言うが、本当にできるのか？　全コースに日陰を作り、ミストを吹き付けたとしても相当な温度になるだろう。1984年ロスアンゼルス五輪の女子マラソンで熱中症になりフラフラしながらゴールしたアンデルセン選手をテレビで見た。後に感動のゴールと語られたが、実際は命に係わる状況だった。オリンピック委員会には〝暑い時期のオリンピック〟に反省はなかったのだろうか。今から開催時期を遅らせるのはムリだろうが、マラソンなど長距離は10月に、とか選手に少しは気を遣ってほしい。フラフラゴールは二度と見たくはない。

今回は、〝快適〟なランニングコースの紹介ではなく、〝快適でない〟話になる。話はかなり昔、ロスオリンピックの数年後、私はアラビア湾に浮かぶムバラス島にいた。向後元彦というマングローブ植林家が、塩水で育つ植物（マングローブ）を植えて砂漠を緑にしようという壮大な計画を立てた。ムバラス島には昔マングローブ林があったが、ラクダの放牧で全部食べられてしまい、木一本ない島になっている。向後さんは「昔あったんだから再現できるはず」と植林地に選んだ。パキスタンのマングローブ林からタネを採集してここで植えることにしたが、日本人労働者が足りないので急きょ私に指名がきた。

アブダビ空港に降り立って驚いた。一瞬にして眼鏡が曇り、熱波に包まれてくらくらした。気温は38度、湿度はほぼ100%だった。ここからヘリコプターでムバラス島に向かった。一周3キロほどの小さな島には石油タンクが並び、

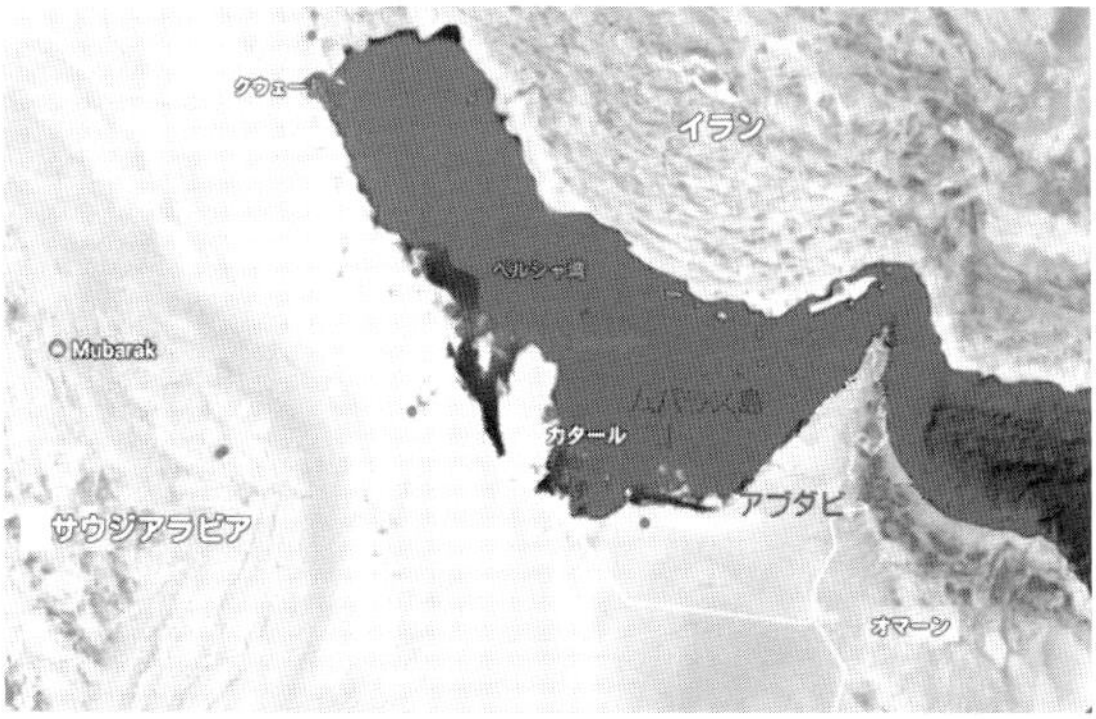

ムバラス島はアブダビの沿岸にある

排ガスを燃やすフレアタワーがあった。島の周囲はサンゴ礁で、木陰は石油タンクの脇ぐらいしかなかった。

私は冷房の効いた石油技術者の宿舎に入ることができたが、インド人労働者は冷房なしのプレハブ

マングローブの葉を食べるラクダ（向後元彦さん提供）

宿舎だった。彼らの作業はのろのろとしている。最初は腹だたしく思ったが、2日目でもう我々日本人はお手上げ。30分作業して30分冷房に逃げ込む。インド人は逃げるところがないが、ゆっくりゆっくり作業をしている。一日の仕事は彼らの方がはるかに進んでい

気根の間にリゾフォーラ種の植林

アビセニア種の実

地元労働者ハウス

こんな所に植えてもムダ！　白いのは塩

る。何日かして「日本人は働かないなあ！」と言われ、ちょっと発奮し、「オレはマラソンを走ることができる！」と威張ってみた。前にイギリス人が50分で島一周を走ったという話を聞いていた。私はそれ以上の速さで走る自信はあった。

昼休み、皆の見ている前で島１周ランニングに出た。わずか３キロだから50分もかかるわけがない。ムバラス新記録を作ってやるとの意気込みだった。８月アラビア湾の気候は38度、湿度１００％、地面は40度をはるかに越えていたと思う。走り始めて1分で喉の奥に熱気が入ってきた。しばらくすると食道に熱が伝わっているのがわかる。当然肺にも熱波が押し寄せているはずだ。皆が見ているのでとりあえず5分ほど走ったが、息を吸い込むと、呼吸が苦しくなってきた。暑さには少しは慣れていたが、呼吸がこんなに苦しくなるとは思っていなかった。ゆっくり歩きながら島の端まで行き、戻ろうとしたらメマイがしてきた。今思えば熱中症だろうがその時代「熱中症」という言葉は知らなかった。すぐに水を飲めばよかったが、３キロぐらいならペットボトルはいらないと思った。石油タンク脇の日陰で腰掛けて休む。これまでの島一周記録が50分という意味が分かった。

　立ち上がってよろよろと歩き、冷房のある宿舎をめざして這うように戻った。いくら水を飲んでも渇きは収まらなかった。汗を拭いてベッドへもぐりこんで熟睡。午後の仕事は当然キャンセル。インド人には「やっぱり日本人はだめだな！」と思われたことだろう。「ムバラス島一周45分の新記録」と言いふらしたが、実態はこんなものだ。いくら鍛えても40度を超すなかで走るのは命にかかわる。

　オリンピックでは自国の栄誉をかけてランナーは走るだろう。しかし命を懸けてのランニングにして欲しくない。観客は「がんばれ！」なんて言わずに、ホノルルマラソンのように、「good job」「なかなかいいよ！」と応援したいものだ。熱中症は怖い。我々も過信しないように自重したい。

石油タンクと炎のタワー　いっそう暑い！

水分をとらなくちゃ！

8

瀬戸内海　歩いて渡る　しまなみ海道

【福山城から今治城100キロ遠足】（2007年6月）

　1999年、本州と四国を結ぶ第三の橋「しまなみ海道」が開通した。広島県の尾道から、向島、因島、生口島、大三島、伯方島、大島を経て愛媛県の今治まで七本の橋で結ばれた。最後に開通した来島海峡大橋は三連の橋で4・5キロもある超巨大橋だ。本州と四国の間には三つのルートがあるが、しまなみ海道だけに「人の道」がつけられている。おかげで自分の足で海上の道を越えて四国へ渡ることができる。歩くのは無料だから費用対効果はほとんどないのに「人道」に配慮したお上の政策はすばらしい。

　その施策に報いるには大いに利用することだろう。そんなことを思っていたらウルトラランナーの神様と言われる海宝道義さんが、「しまなみ海道100キロウルトラ遠足」を企画した。しまなみ海道そのものは70キロだが、彼は本州側で福山城から尾道20キロ、来島大橋から今治城まで10キロを付け加えて100キロにした。ちょっと距離は長いが、瀬戸内海の島々の風景を眺め、島の人々の人

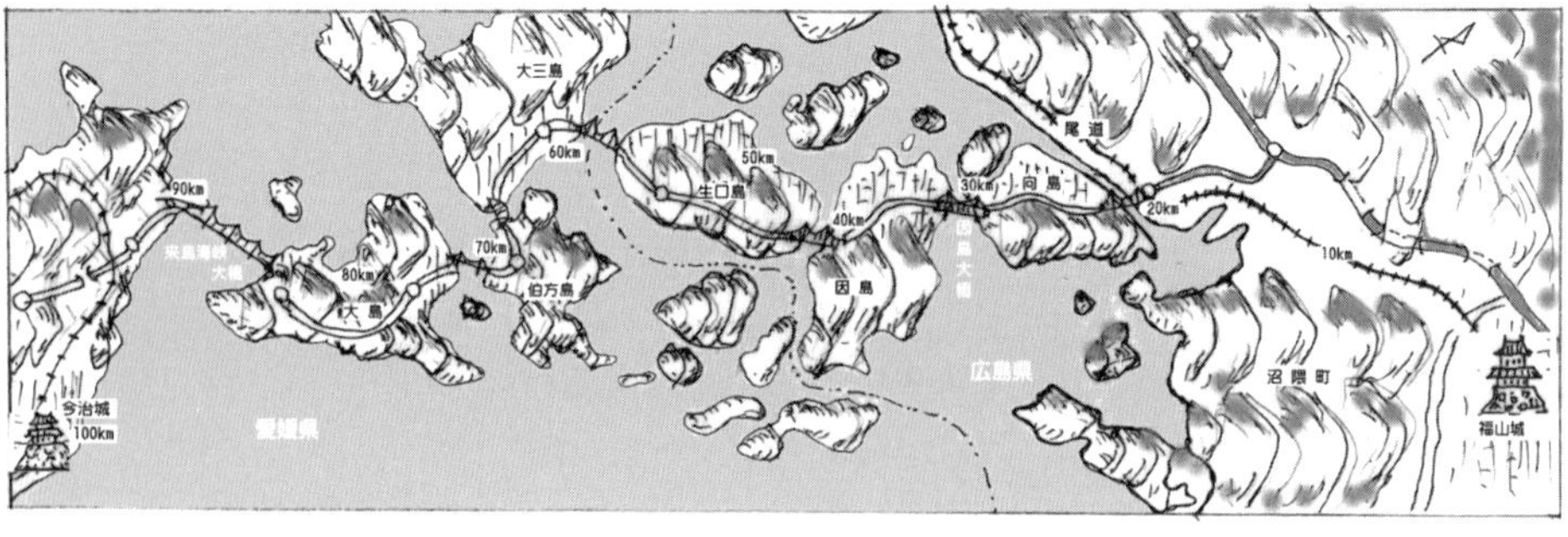

情に触れるのには、いい距離だ。さらに海宝さんは城と城をつなぐことにこだわったらしい。

私はふだん大会にはあまり参加しないが、しまなみ海道は毎年参加している。一人ランの方が気楽だが、超長距離はみんなで励ましあったほうが、気分がいい。

福山城を朝5時にスタート。第九回目の07年は１１４５名が参加した。芸能人が24時間テレビで１００キロを息も絶え絶えに走り、感動を呼んでいるが、こちらは70歳のおじさんも夜9時の制限時間（16時間）以内に続々ゴールする。ちょっとトレーニングをつみ、ゆっくり走れば、しまなみ海道１００キロはそんなに大変な距離ではない。

しかし、１００キロの偉大なタイムは10時間以内、サブ10だが、それをクリアするにはかなりのトレーニングがいる。私もある時期は10時間切りができたが、仕事は二の次という生活がつづいた。ランナーズが主催していた10月マラソンでは一か月に７５０キロを走った。ほとんど通勤ランで消化したが、一日休むと翌日は50キロ走る計算で、仕事などやっているヒマはなかった。アメリカ大陸横断レースでは歯が何本も抜けた海宝さんは、「ウルトラマラソンは体に良くないですよ！」という。私は身体だけではなく精神的にも仕事にも家庭的にもいいことはほとんどないと思う。しかし走った後、しばらくするとまた走りたくなるのは何だろう。

福山城から尾道までの20キロはバイパスの歩道や国道二号線を通るのでおもしろくないが、向島に入ってからは瀬戸内の景色が広が

福山城スタート５時（2007年６月）

り気分はよくなる。東京での友人が故郷の向島に戻っており応援に来てくれる。彼に会えるのが毎年来る理由でもある。

毎年６月の第一土曜日に開催されているので、晴れればひどい日焼けになる。私は首筋が焼けないよう襟付きのシャツに長めのタイツにし、サングラスも用意した。この大会がすばらしいのは地元のご接待だ。四国はお遍路さんのご接待の地でもあり、旅人を快く受け入れてくれる。５キロごとにおかれたエイドでは毎年それぞれ趣向を凝らしたフルーツ、トマト、おそばなどが用意されている。お値段以上のおもてなしだ。ランナーは勝手に走っているのだからそんなにしてくれなくてもいいのに。

向島給水所（2013 年）

因島大橋は二階建て、鉄道を通す予定だった一階歩道は日差しが遮られ涼しい。生口大橋を渡ると瀬戸田町。ここが中間点でゆっくりお昼。おにぎり、バナナ、スイカをいただく。平山郁夫美術館の前を素通りして、多々羅大橋をわたり大三島へ。大三島橋を渡り伯方島へ。この島では「東京からきた何とかさ〜ん」とスピーカーでアナウンスしてくれたので、つい速度が上がる。最後の来島大橋では日暮れ近くなる。巨大な橋の上から日没の風景がいい。遅いランナ

来島海峡大橋

ーしか見れない景色だ。四国に到着しループ橋を下るとあとは今治城まで一息。といっても車の多い道はストレスがありきつい。

第一回の時にとぼとぼと歩いていたら地元のおじさんに「どこから歩いてきたの？」と言われたので「福山城から走って来た」と言ったら「ウソつき！」と怒られた。まだしまなみ海道ができたてで、理解されていなかったのでしかたがない。現在は今治の人たちと広島とのつながりは大きいようだ。歩く橋の経済効果は少ないが、四国、中国地方の人々の精神的変化は大変大きい。9年連続で走ってみた感想だ。あと数年は100キロ走れる体力、気力を維持しなけりゃ。

伯方島・ご接待

伯方島から大島へ

多々羅大橋、愛媛県へ入る

9

高山で　息も絶え絶え　黄龍の池

【九寨溝・黄龍のパンダの湖】（２０１０年８月）

世界遺産の「黄龍」の景色はトルコのパムッカレの石灰棚以上だと聞いて、ぜひ行きたくなった。しかし中国のチベット地域は勝手に行くのは難しいのでツアーに入れてもらった。説明を聞いたら黄龍の海抜高度は３６００ｍの高地にある。行く前に乗鞍岳の２７００ｍや富士山の３２００ｍで泊って高度馴化したつもりだったが、成都から九寨黄龍空港（３４４８ｍ）に到着したとたんに高山病の症状が出た。けれど２０００ｍまでさがると平気になった。

このツアーは、谷間に湖が段々に連なる名勝の九寨溝《きゅうさいこう》（高度２０００ｍ）で３日間滞在して、さらに高度を上げて黄龍に向かうことになっている。九寨溝・黄龍は１９９２年に世界遺産に登録された。チベット人の村が９つあったことから九寨溝の名がついた。山奥の静かな谷間だったが、いまは7万人の街ができ、日に3万人が訪れる大観光地になっている。九寨溝はY字型の谷間に湖が段々になって続いている。高度３１００ｍの谷の奥には箭竹海という名の湖がある。近くにはパンダの生息地があるそうだ。

そこまでバスで上がり湖をたどりながら遊歩道を下った。九寨溝全体が整備された公園になっており、巡回バスも多く走っている。好きなところで降りて湖岸をハイキングするというのがこちらの観光スタイル。全長15キロほどの公園内に食堂みやげ物屋は1ケ所しかない。自然保護に配慮している姿勢はみえる。湖と湖の間には森があり、森に中を水が流れている。

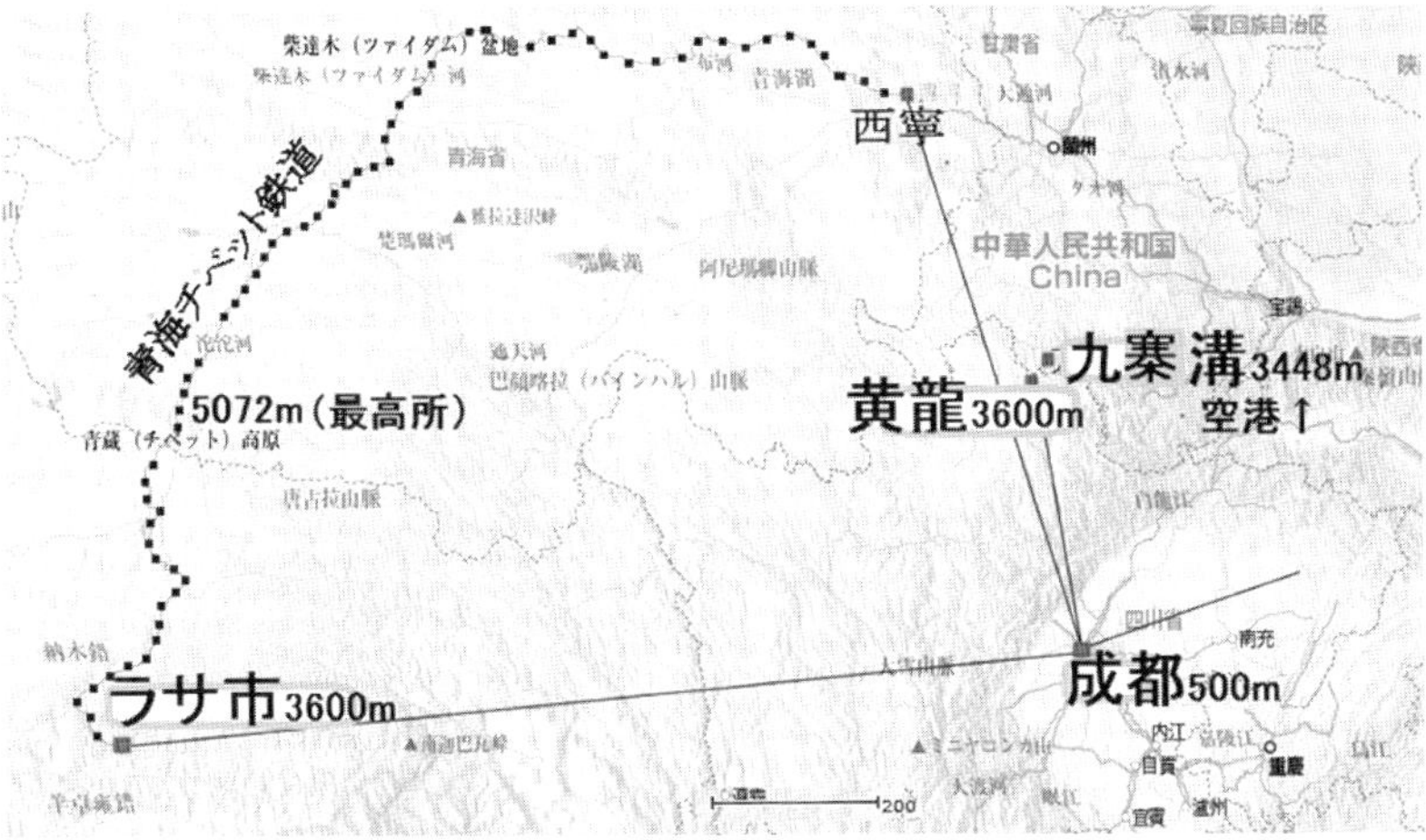

流水中に木が生えるわけはない。ということは森ができた後に水が流れ始めたのだ。森の最後は滝になっており、谷幅いっぱいにナイヤガラの滝みたいなのが落ちている。それぞれになかなかいい名前がつけられている。3日間かけて木道を歩きながら九寨溝の景色を堪能し、黄龍に備えた。

　そしていよいよ3600mにある黄龍に行く。バスで九寨黄龍空港の下を通り過ぎる。途中で何回か検問があったがツアー客は気楽なものだった。川主寺の町から工事中の道路はぐんぐん高度を上げていき、5000m級の雪山が間近に見えるようになる。4200mの峠を越えて急カーブを降りると黄龍の入り口（3100m）につく。九寨溝のような街はなく、山荘という名のホテルが数軒あるだけだっ

九寨溝：諾日朗瀑布

黄龍へ向かう 4200m の峠。ヘアピンカーブの連続

た。２００６年にロープウェーが開通し、３６００mの五彩池まで歩いて登る人はほとんどいなくなった。私もロープウェーを使って

黄龍の最高所にある五彩池。石灰棚だ。黄色みを帯びている

３４７０mまで行き、そこから水平路を2・5キロ走ってみようと思っていた。

しかしこれがいけなかった。３５００mと言えば富士山頂とほぼ同じ高さだ。木道の出だしを早足で歩いてみたら、すぐに心臓がバクバクしてきた。途中に休憩所があってそこには有料の酸素ボンベがある。私をすごいスピードで追い越した中国人のお兄さんが横になっていた。休憩所の外には酸素にありつけない人たちがあふれている。私はまだ大丈夫だったが「こりゃだめだ！」、走ることはすぐにあきらめ、ゆっくり歩くことにした。最初の十数分で黄龍ランニング計画はあっさり放棄。１時間半かけて2・5キロを歩き、石灰棚の谷間におりた。そこから少し登ると黄龍古寺の広場に出る。道教のお寺である。寺の裏手が五彩池、何段もの石灰棚にエメラルド色の水がたたえられている。背

後には玉翠峰がそびえたっている。トルコびいきの私だが、残念ながらパムッカレの石灰棚よりもこちらの方が優れていると認めざるを得ない。池を一巡りして下りにかかる。下りなら走れるだろう

五彩池にある黄龍古寺

と思ったが、「人が多いので迷惑になるといけない」と自重し、だらだらと下る。途中の池々も五彩池と同じような石灰棚が幾段にもなっている。九寨溝とおなじようにそれぞれになかなかいい名前を

こんな石灰棚が延々と続く。さすが世界遺産

付けている。日本の秋芳洞のなかにも石灰棚があるが、あちらは真っ暗な穴の中、こちらは明るい青空のもと。同じ形の石灰棚なのにだいぶ待遇が違うようだ。いい景色を眺めながら入場門へ降りてきた。事前のランニング計画は実行できなかったが、高度の高い所で早足で歩くことはできることが分かった。もうちょっと慣れてくれば走ることはできるかもしれないが、年をとってくると危険は増すだろう。要はこんな高所でのランニングは考えない方がいいということだろう。今回は快適なランニング道の紹介ではなく、ひどい目に会ったランニングになってしまった。

10 帰れない　クジラの谷は　超迷路
【世界遺産エジプト・クジラの谷を走る】（２０１０年２月）

足さえ動けばたいていの場所で「走る」ことはできると自負していた。最近はサハラマラソンなど砂漠を走るレースもあるのだから、私も砂の上を走り回ることはできるだろうと思っていた。「アラブの春」の直前、京都にある「地球研」のプロジェクトの一員としてエジプト西部砂漠の化石調査に加えていただいた。このチャンスに時間をやりくりして砂漠を走ってみようと計画した。日々歩き回っての化石探しなので、やりくりしなくても「走る」チャンスはいくらでもあった。時々化石探しを放棄し走るコースを考えていた。

砂漠というと砂丘が広がっているイメージがあるが、ここエジプト西部の砂漠はかなりの凸凹があり、ピラミッドと紛うような山々もある。最初はバハレイヤオアシスの近くの山を目標にした。「あの頂上付近には化石がたくさんありそうです！」と告げ車を待たせておいて、駆け上がってみた。崩れやすい岩山だが、高度差２５０mをほぼ2時間で往復することができた。砂漠といっても2月、けっこう涼しく、長袖シャツ、ランニングシューズ姿だ。頂上からの眺めはすごい。ここは近年観光スポットとなっている「黒砂漠」で山の頂は黒い玄武岩の礫でおおわれている。2月の砂嵐が来る前なら、季節もよく、見える範囲なら十分にランニングを楽しむことはできる。

運転手さんに「帰り道はわかるから先に戻ってください」と言って、５キロほどオアシスの宿舎まで走った。緑の畑が出てくるとラクダが「何してるの？」と振り返

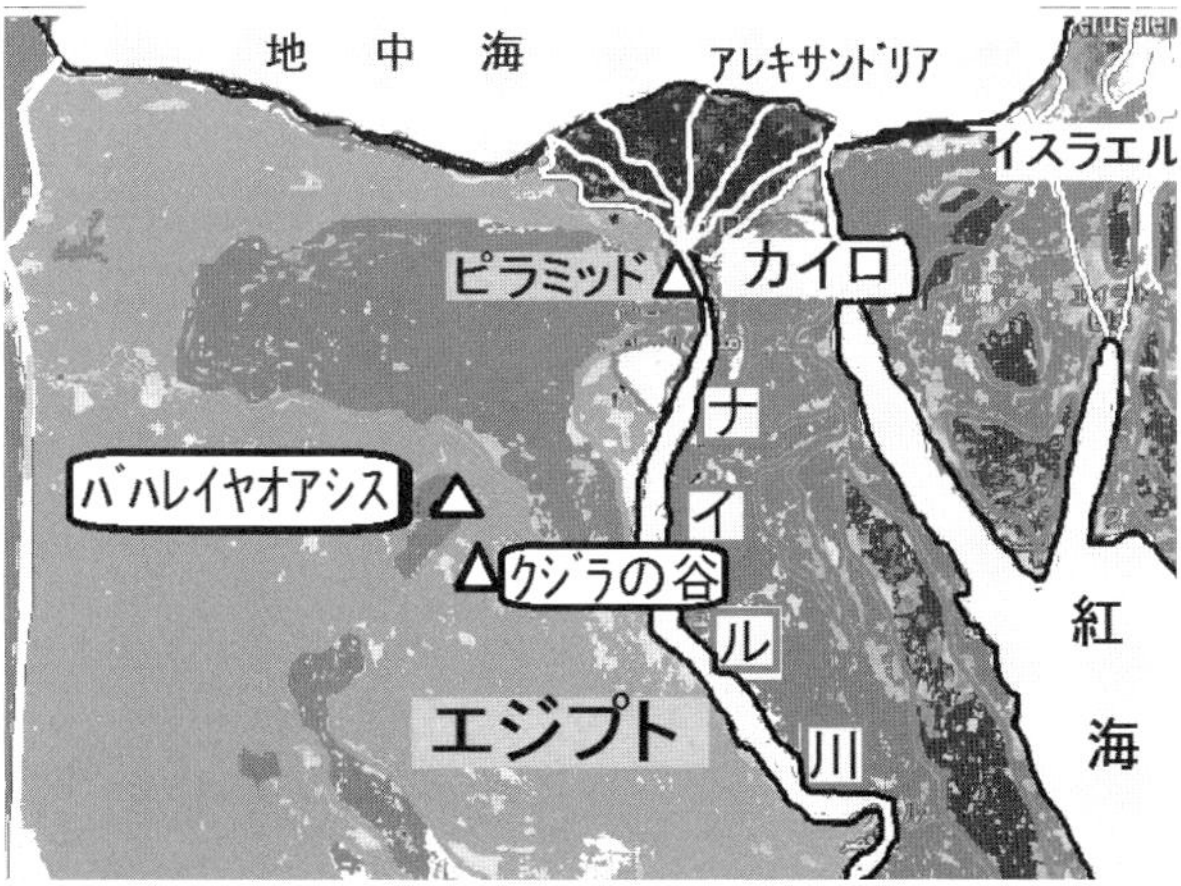

る。途中靴を脱いで砂の上を歩く。気持ちがいい。バハレイヤには石油採掘の途中で湧いた「温泉」もあり、気分はさらに盛り上がる。

ネットが繋がるホテル内にも立派な温泉がある。経営者は日本人女性だった。砂漠の真ん中でネット通信、温泉など考えてもいなかった。

　後半は世界遺産の「クジラの谷」に調査地を移した。バハレイヤの黒砂漠からは40キロほどだが、半分は道なき道。砂の上に残された轍をたどりながら2台の4輪駆動車が行く。砂が深いところでは皆で車を押したりで4時間かかった。世界遺産といっても泥レンガのレストハウスが4棟立っているだけで、宿泊はテント。クジラの祖先の骨が発見された場所で、見学トレイルがついている。ここまで来る人はごく少数なので、トレイルは私の毎朝のランニングコースになった。

　慣れてくるとついどこまでも走りたくなる。トレイルから外れた先まで快調に1時間走ってみた。

クジラの谷：目立つ岩山・砂山には貨幣石の化石だらけ

この岩山まで往復２時間。バハレイヤオアシス

「さて帰ろう！」と振り向いて驚いた。これまで見ていた景色と同じなのだ。「あれれ、どっちを見ても同じだ！」かすかに見える自分の足跡をたどりながら戻るが、いつまでたっても景色が変わらない。「来た道ではない」と疑いだす。別の方に薄く車のわだちが見

近代的ホテルもあるがこっちのホテルが気に入った

える。クジラの谷の象徴的な岩山に似た岩峰がある。しかしよく見ると別物だ。ＧＰＳは持っているが、地図がないのでどちらに進めばレストハウスかわからない。この辺りは平たんではなく、岩山がぼこぼこあり、目印はたくさんあると思っていた。しかしみな似た

砂漠に湧いた温泉。38℃くらい

形なので、目標にはならない。浅はかだったと後悔したが、もう遅い。

　岩山の一つに登ってみた。戻っている方向に丘があり、その向こうに「クジラの谷」の象徴の岩山が見えた。間違ってはいなかったのだが、自分の位置がわからない

ことがこんなにも不安だということを思い知った。もしあと30分先に進んでいたら、自力で戻ることはできなかったかもしれない。

　ほとんど「遭難者」の気分だった。砂漠の大きさを理解していなかった。同じ景色が連続するとは思っていなかった。ＧＰＳは地図と連動させなければ意味がない。などなど砂漠走行の「いろは」を学んだ。この失敗の前にはクジラの谷から黒砂漠まで40キロを「走って」戻ろうと秘かに計画していた。しかしすっかりめげて断念した。

　それから2年たち、「やってみよう！」と考え直し、新しいＧＰＳと地図入りのコンピュータも用意した。ところが２０１３年７月軍事クーデター。化石探しもランニングももっての外になった。もう私にはチャンスはない。平和でなければ走れない、そんな当たり前のことを実感した砂漠のランニング体験だった。

クジラの谷では宿泊所はテントのみ。砂だらけ

この先に進んで方角を失った。
右の岩山はクジラの谷の岩山と似ている

テント脇にでたフェネック（キツネ）

11 ぼけ防止　並ぶ病院　石神井川

【板橋区下頭橋から王子音無橋へ】（2015年5月）

「ゾウの時間ネズミの時間」という本に心臓の鼓動回数は、動物によって速い遅いがあり、およそ15億回打つと終わりになると書いてあった。周期は体重に比例するので、ゾウはゆっくり、ネズミは速い。すなわちゾウの寿命は70年、ネズミは2年だそうだ。動物的生活をしていた人間も例外ではない。人間の体重では40歳ぐらいで15億回になる。縄文人の寿命はそれぐらいだったそうだ。

私は40歳代の頃まで相当なトレーニングを積んだ。結果マラソンタイムは2時間台に、脈拍は1分間40回になって満足をしていた。ふつう脈拍は1分間に60回ぐらいだから、私の寿命はゾウの時間に匹敵するなぁ！と喜んでいた。しかしそれは心臓機能の低下のためだった。50代半ば、階段が二段も登れなくなり、目の前が真っ暗になった。ただちに慈恵医大に運ばれ入院。心筋梗塞だったがすぐに治療開始で10日間の入院で回復した。それから2年後日曜日、突然まっすぐ立てなくなった。奥さんが車椅子で近くの病院に運んでくれた。運がいいことに当直が脳外科の先生だった。あとで聞いたらごく初期の脳梗塞。ももの付け根から脳の中までカテーテルを入れて治療をしてくれたとのこと。そんなことできるんだ！

脈拍が少ないのはスポーツ心臓だから、と威張っていた。しかし奥さんに「走っていれば健康だなんて過信しないで！」と言われ、ぐうの音も出なかった。私は走っていたおかげで心臓や脳が詰まってても回復が早かったと言いたかったのだが。

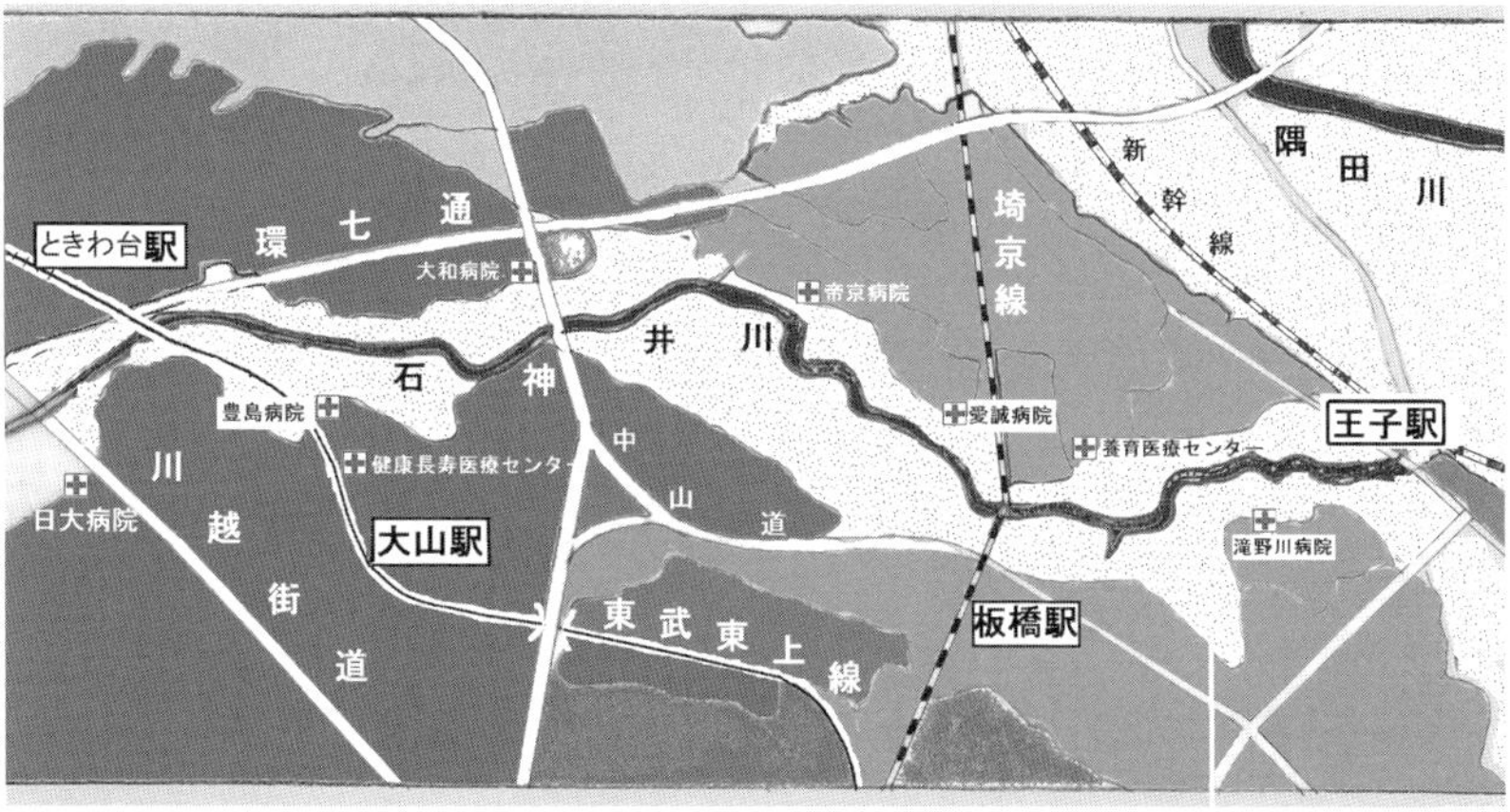

その後の私の心配は、言葉が出てこない、記憶が不確か、判断ができない、だった。医者は年齢相応の衰えでしょうと言う。心臓の再発よりも、ボケるという不安のほうが大きくなった。あるローカルのマラソン中、見知った女性が近づいてきた。「だれだったかな？」と思いながら会釈して通り過ぎたが、すぐに「ハッ」と気がついた。応援に来てくれた奥さんだった。「こりゃまずい！　このままだと完全にボケる！」

　テレビ番組で、「簡単な足し算をしながら歩くとボケ防止になる」と言っていた。万人に効果があるかどうか不明だが、藁をもつかむ気持ちで、「計算しながら走る」という方法を試し始めた。

　我が家の近くに石神井川が流れている。練馬区の石神井池、三宝寺池が源流だが、さらに上流にも流れがある。私は川越街道との交差点の下頭橋から下流に下り、東

石神井川沿の病院

大仏さんにボケ防止をお願い！

武東上線をくぐり中山道を信号で渡り、金沢橋、紅葉橋を通って飛鳥山に近いＪＲ王子駅の往復10キロがホームコースだ。なぜここをホームにしているかは地図を見ると一目瞭然。川沿いに大きな総合

紅葉橋と調整池、その先が王子駅

病院が点在しているのだ。旧極地研究所脇の桜並木は帝京大学病院の先生方も走っている。途中で倒れていたらすぐに病院に運んでもらえるだろうという打算がある。奥さんも石神井川ぞいに走りに行

帝京病院内のモール

くよと言えば、安心してくれる。

そのコースを週に2回は走っている。ニニンガ四、ニシガ八、サザンカ九、八波はムトシなどと言いながら。しかし私は数字を覚えるのが苦手。自分の家の電話番号

琴柱灯篭。ここ金沢か！

も覚えられないので、九九はボケ防止には役に立ちそうもない。

帝京病院の敷地も含めて昔は加賀百万石のお屋敷だった。加賀中学、金沢小学校はその名残。ちょっと前までは南極観測の本拠地もあった。隣には野口研究所、その先の飛鳥山には醸造試験所など歴史や科学の話題には事欠かない場所だ。掛け算なんかそっちのけで南極の石に触ったり、兼六園の琴柱《ことじ》灯篭に寄り掛かったりしてボケ防止に励んでいる。

王子音無橋。飛鳥山のとなり

ここ十数年はこの方法でジャーニーランを続けており、ボケの進行は緩やかであることを実感している。何の対策をしなくてもボケなかったかもしれない。しかしボケない生活をしているという自信はボケ防止に大いに役立っていると思っている。

ところで、この原稿、ランニングの途中、帝京病院の広いモールで書いている。雨の日はそこでウォーキングもできるし、夏の暑い日でも涼しくお茶ができる。同じように13年にできた健康長寿医療センター病院にもいい喫茶室がある。なんと2階は無料。我が石神井川沿いのランニングコースはこれ以上ないぐらいの休憩所完備コースだ。

田口幸子「サハラマラソン完走は過酷さを楽しむイベント」1995年、ランナーズ「ウルトラマラソン」インタビュー記事より

サハラの旅は地図が判読できてコンパスが使えることが基本。山のぼりでも人の尻について行くだけの人が多くなりましたが、地図もコンパスも使ってひとりでヤブこぎをしながら山を歩けるような能力があった方がよいでしょう。

サハラ砂漠は砂ばかりだと思うでしょうが、そういう場所はコースの五分の一ぐらい。コースはまず大きな岩がゴロゴロしています。それがだんだん小さくなって小石が敷き詰められた河原のようなところに変わり、私たちのイメージにあるあの砂丘を走るのはレースの終盤になってからです。

サハラマラソンでも順位はつけますが、速いとか遅いとかよりも完走することに価値があるのです。速くはないが強い、そういうランナーには向いていると思います。サハラマラソンを走りぬく下地は週末ごとに出かける山登りとクロスカントリースキーで培いました。ふだんから荷を背負って7キロ走ります。両方の足に1キロの重しをつけて毎日2万歩歩くことにしているのです。

記録を出すとか限界に挑戦するとか頑張る人は、もちろんいてもいいのですけど、私は余裕があって制限時間ぎりぎりでもいいから楽しく走ることにしています。

だから私はランナーではなくて、自分を「旅人・OUTDOORER」と称しています。

第3章

ぶらタモリ　まねて作った散歩コース

12 戦車道　山道里道　高尾山

【高尾山口から草戸山、朱雀路】（2010年9月）

「何だ、この戦車道ってのは？」と言われそうだが、町田市、相模原市の丘陵の尾根道には旧日本軍相模原造兵廠で造られた戦車のテストコースがあった。その一部が尾根緑道として公園になり、木製のチップが敷かれた足にやさしいランニングコースになっている。ここだけ走っても十分楽しいのだが、私は高尾山から山道を歩き走りし、城山ダムから里道を快適に下り、家政学院大の脇のアイス工房でジェラートを食べてから、鎌倉古道七国山をとおって造形大学脇を通り、16号国道を横切り、多摩美術大をみて京王線多摩境駅にでる18キロほどの道を4、5時間かけて楽しんでいる。

まずは山道。高尾山はミシュランガイドで推奨されたこともあり平日でも混雑している。ランニングスタイルだと非難の目が向けられる。高尾山口の駅を降りたらケーブル駅には向かわず、すぐに国道20号線をわたる。民家横のわかりにくい道（案内板はある）を10分ほど登ると高尾駅方面から来る尾根道にでる。この登りはけっこうきつく、その日の調子を判断する目安になる。登りきったところが四辻。ここから調子がよければ快適に走れる。しかし小さな上り下りがあるので、ムリすると後がきつい。木の間越に時々高尾山の山稜を見ながら、楽しんで歩くと、町田市の最高峰である草戸山（365m）の休憩所にいく。駅からここまでほぼ4キロ、1時間ちょっとで到着できる。ここから城山湖に下るが、ものすごい数の段々だ。膝を痛めないように注意が必要。ここまでが山道トレイル

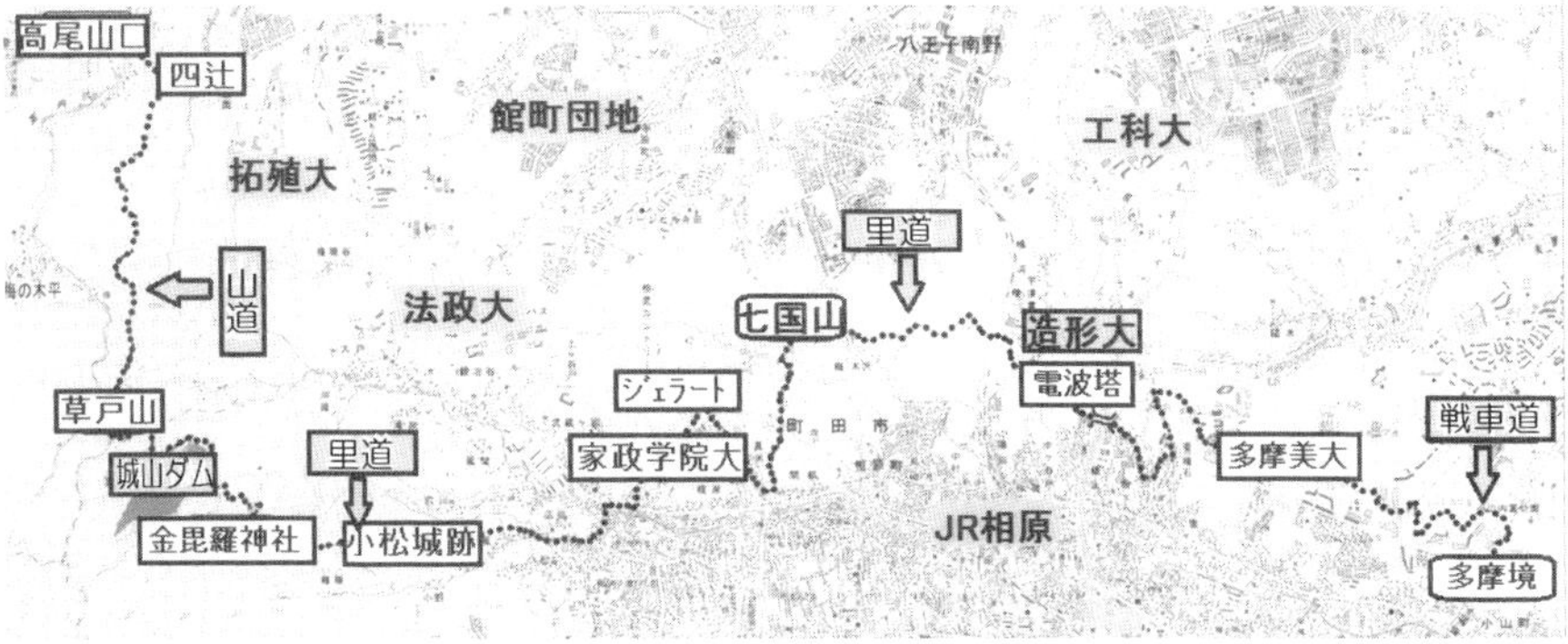

小松ハイキングコース

草戸山

四辻へ上り口

ランだ。平日は人は少ないが休日は高尾山にはおよばないが、人は多いのでゆっくり走ろう。ダムの上を歩き金刀比羅宮にでる。遠くに橋本駅周辺の高層ビル群が見える。

金刀比羅宮のからは里に近い森の道。案内板には小松ハイキングコースとある。落ち葉を踏みなが

森の道

朱雀路

ら緩やかな道を3キロほど下っていく。フィトンチッドを十分に吸ってリフレッシュしたら、いくらでも走って行ける。スピードを出して通り過ぎるにはもったいない景色だ。秋の紅葉時が一番いいと思うが、どの季節にも見どころは多い。

チップを敷いた道

いったん小松橋でバス道にでて町田街道に向かい、家政学院大学入り口からトンネルに向かって舗装道路を登る。トンネルを抜け下ったバス停前にお目当てのジェラート屋さんがある。いつも女子大生で賑わっている。

金刀比羅宮

一息入れてさらに里山の道を鎌倉古道の七国山へ向かう。ジェラート屋さんのすぐ対面に森に入る道がある。また快適な山道をちょっと登ると七国山頂の大日堂にでる。ここは多摩丘陵の尾根路で町田市と八王子市の境になっている。朱雀路と案内があり、古くから人々が行き来した路のようだ。養鶏場のニオイが少し気になるが、しばらく走ると造形大学へ向かう道路にでる。笛の修理屋さんの脇を上がっていくと林の中の路があり、電波塔へ向かって登っていく。電波塔の森を抜けるとすぐに住宅地。昔の多摩丘陵は緑の森だったが、多くの大学ができ住宅地ができて森の面積はごく狭くなった。16号バイパスの上を越え、住宅地を下る。町中は迷いやすい。

ジェラート

私はいつもどこかで間違えて、ちょっとけばけばしいホテルの前に出たりする。

そして最後は快適ランニングコース。相原坂上の信号を少し下ったところから尾根緑道の公園内の歩道に入る。左手は多摩美大の敷地だが、土手には時々キジのつがいを見ることがある。どこに巣があるのだろうか。ここから多摩境までの4キロは公園内道路になる。多摩境駅近くの小山内裏公園あたりの尾根緑道は昔の戦車道だ。いまは広い舗装道路脇に幅2メートルほどの木製チップを敷いた路が続いている。スピードを出すことはできないが、疲れた足にはうれしい路だ。ランニングの人たちはほとんど舗装道路を走っているが、チップの方が足にはいいのに。

山道4キロ、森の中の路3キロ、車道3キロ、里道3キロ、そして公園内道路4キロ、アイスクリーム付きの快適ランニングコースだ。

戦車道、尾根緑道公園

13 鎌倉の　天園コースは　歩きましょう!!

【鎌倉天園から金沢市民の森へ】（2009年6月）

鎌倉は三方を山で囲まれた要塞のような町だ。イイクニを作るために鎌倉に幕府が開かれた。長い間奈良・京都が政治の中心だったが、武士の政権は軍事的に守りやすい場所に都をつくろうとしたのだろう。鎌倉に入る道は山脈の峠にあたる7カ所の切通ししかなかった。天然の要塞であった山々の尾根のうち、巨福路坂の切通しから鎌倉霊園の東にある朝比奈切通しまでの尾根道は「天園」ハイキングコースとして親しまれている。私の好きなランニングコースだったが、最近はランナーが増えすぎてハイキングの人に迷惑がかかるので、休日のランニング禁止のお達しが出ているようだ。

毎日が日曜日の私は休日を避けているが、それでも人は多くなっている。以前は北鎌倉駅から明月院の脇を通り山道に入るコースをとっていたが、最近は線路に沿って大船方面に戻り、六国見山から尾根道に入るようにしている。こちらは人が少ない。いずれの道を通っても建長寺の上の道に合流する。

ここから十王岩展望台までは5分ほど。木々の向こうに一直線の若宮大路とその先の海が見渡せる。守るにはいい場所だが、奈良・京都に比べると市街地は狭い。日本国を束ねる都として発展性は少ないだろう。実際北条政権が途絶えると都は再び京都にうつる。

一息ついて先に向かうと木の根っこが出ている道になる。足を引っかける心配があるので気を付けよう。でもよく考えると根っこが出ているのは人が歩いて土をはぎ取ったからで、樹木にとっては迷

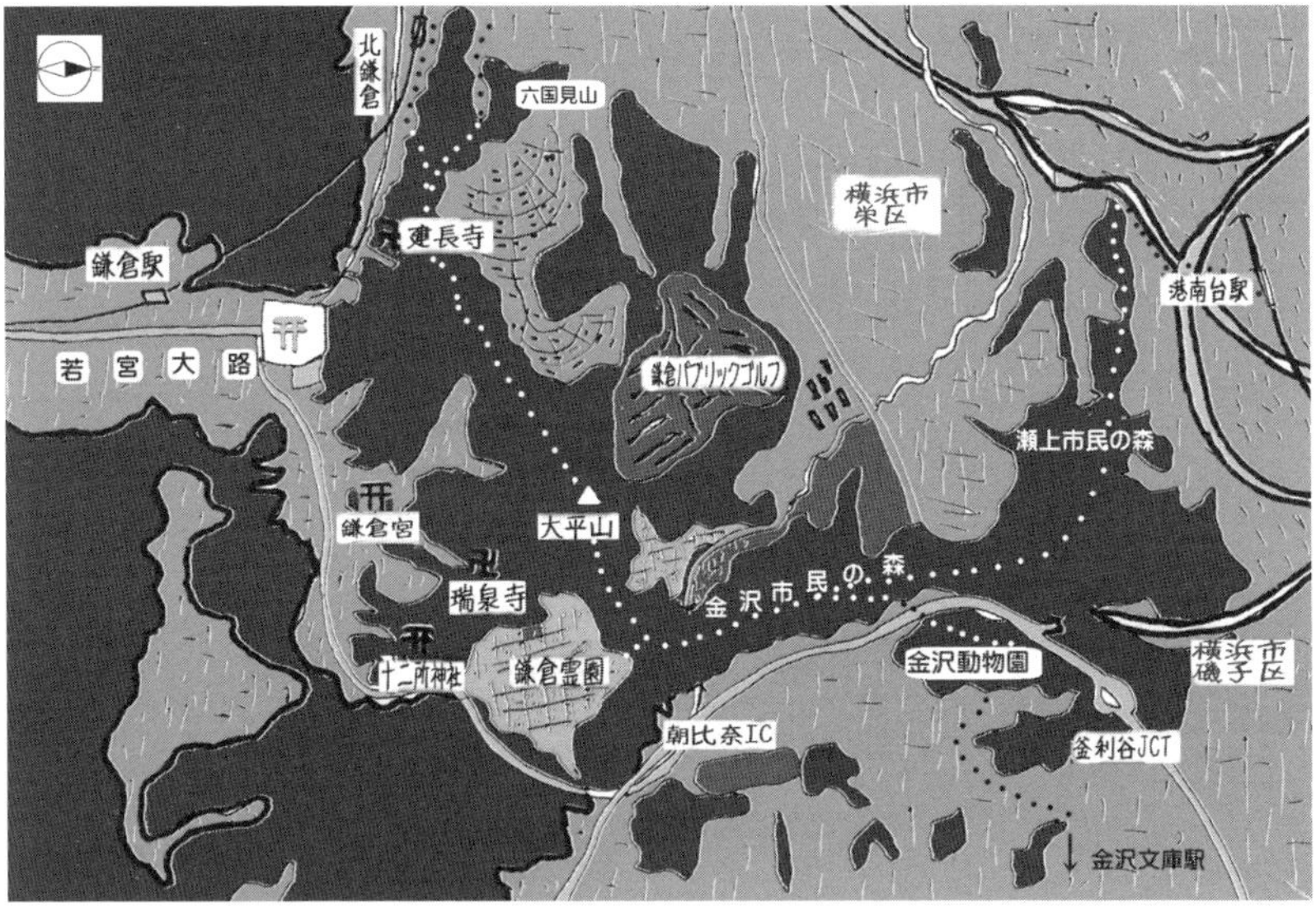

惑なことだ。森の中を大勢がどたどた走るのは自然保護の観点からはかなりの問題だ。皆さんに「走りましょうよ！」と誘うのはまずい。根っこを傷めないようふわっと足をおいてゆるゆると歩くことにしている。

こちらが頂上（147m）

途中、横穴式の墓「やぐら」が口を開けている。このあたりの岩は柔らかく、穴を掘るのはたやすい。それだけに崩れやすく、人工的に改変するのは簡単だ。鎌倉側は条例で森を守っているが、横浜側は山を切り崩して広大な住宅地に改変している。これを見たらランナーのどたどた走りなどかわいいものだと思うが、イヤイヤそれはそれ、自然保護は自分にできる小さな一歩からである。

十王岩から二十分ほどで大岩の大平山（１５９ｍ）にでる。左手はゴルフ場になっている。桜の時期はお花見によい場所だ。その広場から５分ほどで天園（六国峠）

急な登り口

にでる。そこには峠の茶店がある。
　茶店の下から金沢市民の森にむかう。天園ハイキングの人はたいてい鎌倉側に下っていき、こちらに進む人は少なくなるので走りやすくなる。こちらの道は天園コースとは違って幅も広く根っこも出

建長寺の近く　ランナーも多い

ていない。緩やかな下り道なのでまさに快適な走りができる。このコースだけ走ればいいのだが地元の人と違って私は天園を通らないとここに出ることはできない。天園はウォーミングアップと考えて、人に木々に迷惑をかけないよ

大平山（159m）の下り

うにそっと歩くことにしている。そしてここから快適に走り出す。
　走るたびに出会うおじさんが「ここを毎日散歩したくて定年前に引っ越してきたんだ」と話してくれたが、すぐに走り去る。70歳と聞いたが、私の走力ではとても

追いつけない。毎日こんな森を走っていれば70歳でも快調なのだろう。うらやましい。

どの道を通ってもどこかの駅にでる。私は清掃工場の大きな煙突を目ざして瀬上市民の森を行き、ＪＲ線港南台に向かうことも多い。ベイブリッジ、ランドマークタワーが見えてくると、楽しい森ともお別れだ。

今回は横浜市立金沢動物園に降りてみた。道路をこえてひと山登りまた下っていくと動物園の裏手に出る。裏口入園をし、キリンさんに挨拶してから動物園バスにのって金沢文庫の駅にでて京浜急行で我が家に戻った。

すばらしいコースだが、みなさんにすすめない方がいいかな。複雑な思いをしながらのランニングになった。

天園六国峠の茶店

金沢動物園へ（下は横浜横須賀道路）

動物園：オカピがお出迎え

14 神田川　横丁の風呂屋は　今はない

【井の頭公園から江戸川橋まで】（２００９年４月）

「あなたは、もう忘れたかしら…」

昭和を思い出すこの曲は「神田川」沿いに住む若いカップルの物語。我らオールドランナーには懐かしい。その神田川の水源は、若者に人気の吉祥寺駅のすぐそばにある井の頭池だ。東京の地形は下町低地と山の手台地に区分できるが、その台地の標高50ｍラインには湧水が豊富で、石神井池、三宝寺池、善福寺池、井の頭池などができ、都民の憩いの場になっている。

神田川は井の頭池を水源にして三鷹台、高井戸、永福町をへて、中野富士見町で善福寺川と合流し、新宿の淀橋を通って西武線下落合駅脇を通る。落合で妙正寺川と落ち合って、明治通りを高戸橋でくぐる。さらに都電に沿って面影橋、江戸川橋へと進み、飯田橋でお堀に合流する。

現在の神田川はさらに水道橋にながれ、そこで旧小石川を合流して、お茶の水の渓谷をとおり秋葉原から浅草橋に流れ、最終的には両国で隅田川に注ぐ。

お茶の水の渓谷は仙台藩が掘削

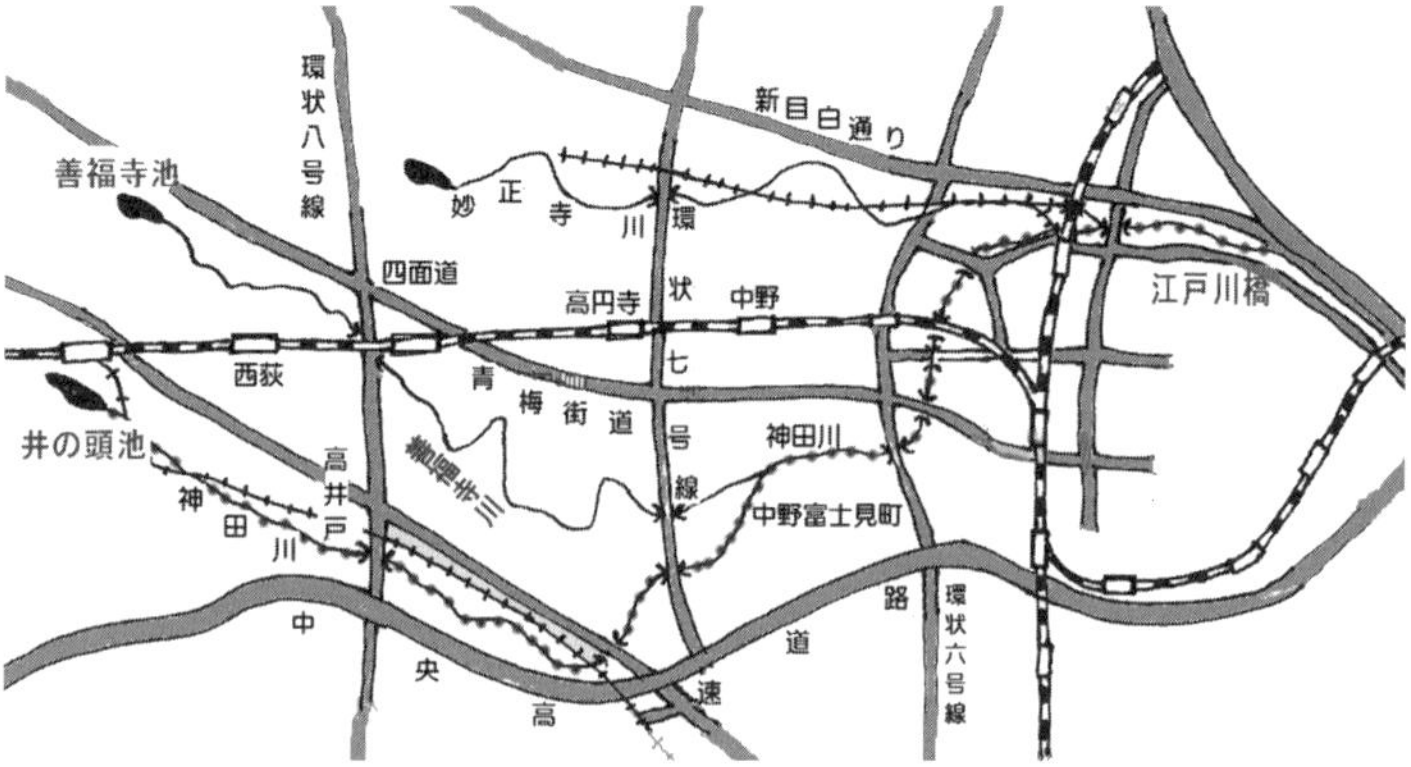

したもので人工の谷間である。本来の川は飯田橋から九段下を通り、一ツ橋、神田橋から日本銀行前をとおり日本橋へ出ていた。しかしこちらは日本橋川といい、神田川という呼び名はお茶の水の人工の渓谷の方に付けられている。

　私の通常のランニングコースは吉祥寺から江戸川橋まで、ほぼ15キロ。江戸川橋の碑の横丁には銭湯がある（あった）。

　吉祥寺駅かいわいは若者でにぎわうビル街だが、ほんの2、3分先にこんもりした森がある。井の頭公園だ。井戸の頭の名前の通り、枡形井戸から豊富な水が湧き出している。その湧き水が井の頭池をつくり、そこから川が武蔵野台地を刻んで流れ出している。私の勤務先は池の近くにあったので、池の周りをよく走った。時にはもっと先まで走ってみたくなり、井の頭線のガードをくぐり川沿いを下る。左手の高台に立教女学院の森をみて、三鷹台駅は迂回し、再び川に出て、井の頭線の車庫脇を通る。散歩の人たちも多い。高井戸の駅脇で環状八号線を横断歩道で横切る。この川は都心に向かうので環八、環七、環六の大通りをいくつも横切る。立体交差は少なく、横断歩道や歩道橋を使わなければならない。この部分では少々快適さが失われるが、しかたがない。

井の頭湧水

井の頭公園を走る

高井戸からは再び快適なコースだ。杉並総合という新設高校の入り口をすぎ、塚山公園の前で鎌倉街道と交差する。「いざ鎌倉！」の時に関東武士が鎌倉まで馳せ参じた道で、関東には鎌倉街道は数多くある。遊歩道には隅田川まで20キロと書いた案内板がある。飯田橋のお堀までの距離ではないかと思うのだが？　一度地図で確認しておこうと思うのだが、ついつい忘れてしまう。

右手の高台に明治大学の校舎がみえる。川沿いの永福町はまたまた高級住宅地だ。我が家の辺りとはかなり雰囲気が違う。すれ違うジョギングの人のウェアも違って見えるが、思い違いか？　先入観というものは判断を誤らせる。

神田川歌碑。大久保通り脇にある

井の頭公園からほぼ1時間で、京王線のガードをくぐる。目の前は井の頭通り、横断歩道を渡り、蛇行している川を北に向かう。釜寺で環状七号を渡り、さらに北に進んで地下鉄丸ノ内線の車庫を右手に見る。ここで善福寺池から流れ出す善福寺川と合流する。

淀橋近く（新しい高層ビル街）

中野富士見町から環六（山手通り）までは川沿いの道がないので、一般道路を行く。山手通りから青梅街道までも所々に遊歩道があるだけだ。

新宿の高層ビルが見える遊歩道を行くと、大久保通りと末広橋で交差する。その橋の脇に「神田川」の碑がある。「あなたは、もう忘れたかしら…」の横ちょの風呂屋はこの辺りにあったのだろうか。東中野の大きな結婚式場の近くでJR中央線の下をくぐる。両側はビルで都会の谷底を行く感じ、なんとなく侘びしくて感傷的になる道だ。「神田川」の歌詞が先入観になっているなあ。

　小滝橋を越え、西武線の下落合駅へ。落合はその名の通りで、このあたりで神田川と妙正寺川が合流していた。現在の合流部は明治通り、高戸橋あたり。豊島区の高田と新宿区の戸塚を地名を一字ずつとって名付けた橋だ。ここは環状5号線、通称明治通り。都電の急カーブで知られる場所だ。

　高戸橋から江戸川橋まではよく整備された遊歩道。桜の時期は歩くのも大変な名所だ。細川様のお屋敷と椿山荘の下方には芭蕉庵がある。芭蕉は神田川の河川改修の工事監督をやったこともあるそうだ。

東中野付近。上を通るは中央線

　江戸川橋から先は高速道路と併走するので空気は悪い。私の「神田川ランニング」はたいていここで終了。橋の横っちょの風呂屋で終了していたが、廃業になったので汗を拭いただけで電車にのって帰宅。全行程は15キロ、3時間余り。橋の数を数えていないな！

高戸橋　都電駅面影橋

15 みやこ鳥　言問団子に　さくら餅

【隅田川・橋巡りランニング】（２００８年９月）

空気の悪い都心など走りたくないという人も多い。しかし東京のど真ん中を流れる隅田川沿いは昔と比べ水もキレイになり、まあ快適なランニングコースになっている。かつて江戸は「水の都」と言われ、水路が四通八達していた。その中心が大川、今の隅田川だった。大川端で涼む江戸庶民を思い浮かべる風景はもう残っていないが、佃の渡し、永代橋、両国橋、蔵前、浅草雷門、待乳山、長命寺桜餅など地名や名物に江戸の名残を見ることができる。

武蔵と下総の両国の境を流れる「大川」は江戸城の防衛上、橋は架けられなかった。しかし明暦の大火で大川端まで逃げた人が、川を渡れずおおぜい亡くなった。幕府は架橋せざるを得ない状況になった。武蔵と下総を結ぶ両国橋のたもとにある回向院はこの時の犠牲者をとむらう寺として作られた。

私は隅田川のランニングを楽しむために、たいていはJR線有楽町駅から晴海通りを歌舞伎座、築地場外市場を眺めながら勝鬨《かちどき》橋に

いく。この橋が隅田川の最下流の橋で、ここから遊歩道の隅田川テラスを行き、時々橋を渡りながらのランニングを楽しんでいる。

勝鬨橋は昭和40年代まで中央部が開閉する橋だったがいまは開くことはない。前面の佃煮の発祥地の佃島。ＮＨＫの朝ドラの舞台になっている。佃大橋と中央大橋の間に、八丁堀に続く運河があり、南高橋がかかる。この橋は震災で壊れた両国橋の一部をリサイクルした。永代橋は赤穂浪士が吉良邸から泉岳寺に向かう時に渡った。当時は永代橋を渡り日本橋川に架かる豊海橋を渡った。ということは当時の永代橋は今より上流にあったことになる。

清洲橋は紫色、蔵前橋は黄色、厩橋は緑色、吾妻橋は赤色、それぞれ3連のアーチ鉄橋だが、特徴的な色に塗り分けられており、覚えやすくていい。清洲橋の上流の左岸には深川芭蕉庵があった。今も芭蕉の像が大川の流れを見ている。

蔵前橋の先は右岸にテラスがないので、左岸に移る。首都高速の下で気分は悪いが、水辺には草木があり土の道なので足には優しい。真っ赤な吾妻橋の頭上には黄金色の通称巨大ウンコが輝く。こ

白鬚橋

清洲橋（青紫色）

れはビール会社のモニュメントだ。再び右岸に移り、浅草雷門ちかくで江戸情緒を味わいながら、水上バス乗り場からテラスにおりる。水上バスのなかでは特別のビールが飲める。ここでランをやめて舟でビールというのもおつなものだ。

でも今日は東武鉄道の花川戸鉄橋をくぐる。鉄橋を渡った次の業平橋駅の北十間川沿いに巨大な電波塔（東京スカイツリー）ができる。このあたりの景色は一変するだろう。テラスはまだ続くが、業平さんの「いざこと問はん都鳥」の言問橋を渡る。言問団子、長命寺桜餅を味わうためだ。団子屋は江戸末期の創業、桜餅の方が古い。桜餅の甘みを口の中に残したまま、隅田川唯一の人道橋である桜橋を渡り、白鬚橋に向かう。明治通りが隅田川を渡る橋であり、なかなか風格がある。白鬚橋を渡って墨堤を行くと間もなく水神大橋だが、手前の隅田川神社の脇に悲しい物語の木母寺がある。

このあたりで在原業平は都鳥に「いざ言問はん…」と尋ねた。梅若丸は都鳥に「たずね来てとわばこたえよ都鳥…」とお願いした。人買に買われ12歳で亡くなる寸前に梅若は都鳥にたのんだ。狂った母が京都から梅若を探しに来る。都鳥にここで亡くなったことを知らされる。謡曲「隅田川」の悲しいお話しに伝えられている。梅の

言問橋からスカイツリー建設中（2009年撮影）

長命寺の桜餅

字を分解した「木母寺」に梅若の塚が作られている。

水神大橋を渡ると、広い芝生の汐入公園になる。ここで隅田川は90度に曲がって千住大橋に向かう。２００６年に昔の「汐入の渡し」場に汐入大橋が開通した。汐入公園から千住大橋の近くまですばらしいランニングコースがあり、調子のいい時には快適に南千住駅まで走るが、最近は疲れが早いので汐入大橋を渡って京成線の関屋駅に行くようになった。すぐ前に東武線の牛田駅も隣接しているので、どちらも利用できる。私にとって汐入大橋の恩恵は大きい。

白鬚橋の隅田川テラスの終点に、河口から9キロの表示があった。そこから汐入大橋までは、寄り道もあり2キロ。全体では14キロの距離だった。時間は4時間もかかった。

隅田川テラス、青テントに時々お接待をされる！

赤い吾妻橋の欄干と黄金色のモニュメント！

汐入大橋・ランニングコース

16 今は亡き　化石になった　藍染川

【上野不忍池から藍染川へび道へ】（２０１２年１月）

「春の小川はさらさら流る」は小学唱歌の一節。東京の光景とは思ってもいなかったが小田急線に沿った小さな公園にその歌碑が立っていた。こんなところに川が流れていたの？　たしかに線路はかなりの谷間に沿って付けられている。しばらく歩いてみると、電柱に「春の小川通り」との表示があり、それがテレビでよく見る渋谷駅前につながっていた。渋谷は文字どおり「谷」で、昔は「春の小川」の河骨《こうほね》川や「緑の森のかなたから」の穏田川が渋谷に集まっていたとNHK「ぶらタモリ」の番組でやっていた。タモリさんは東京の坂道や地形の研究では知られている人だ。

２０１２年まで存在した目黒区立の川の資料館で、東京オリンピック以降東京の川は暗渠になり、地表の川は激減したと聞いた。春の小川もオリンピック頃には「どぶ川」と化し、外国人に見られるのは恥で、地下に隠してしまった。

江戸は、下町に運河がながれ、台地を刻む谷には舟が入る「水の都」だった。環境に配慮する理念

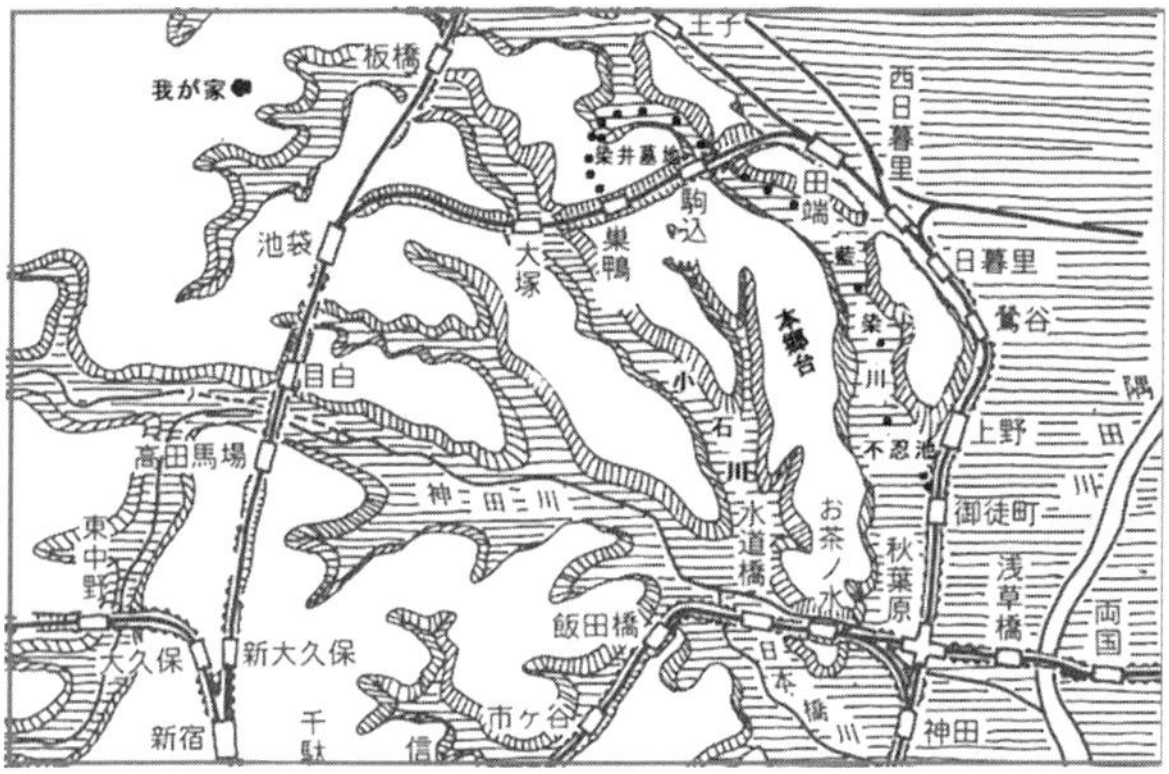

東京の山の手台地を刻む谷、神田川は地表を流れるが、あとはたいてい暗渠に。これを私たちは「化石川」と呼んでいる。地図は五百沢智也「東京探訪コース」22頁から

があれば、東京を水辺都市にすることは可能だったが、人々の考える近代化は、日本橋の上に高速道路を通すような政策だった。もっと方策はあったろうにという残念さが残る。

　前々から私は水路跡をたどるランニングを試みていた。玉川上水、野火止用水などの水辺の走路については「ランニングの世界」で案内した。最近はさらに「化石川探査」と称して、すでに地表の流れはなく暗渠になった化石的な川跡のランニングを日常的に行っている。今水路はなくても地形をよく読めば、昔の川跡は浮かび上がってくる。

「春の小川」歌碑。背後は小田急線線路

　新宿駅から渋谷駅までランニングスタイルで川跡をたどることもある。コトコトコットンの水車があった穏田川は、原宿キャットストリートというしゃれた通りになっている。渋谷の宮下公園から明治通りを見ると、明らかに川跡らしき通りが見える。これを私たちは「見通しの法則」とよんで、川筋発見に役立てている。

　最近もっともお気に入りのコースは上野不忍池から谷根千をとおって駒込に出て霜降銀座商店街から染井に出るコースだ。これは藍染川とか谷田川とよばれる川跡で、今も藍染橋とか霜降橋など昔の川を思い浮かべるようなものが残っている。いつもは上野か御徒町駅で電車を降り、不忍池のほとりで着替え、水族館の前の池の端

原宿キャットストリートに残る参道橋跡

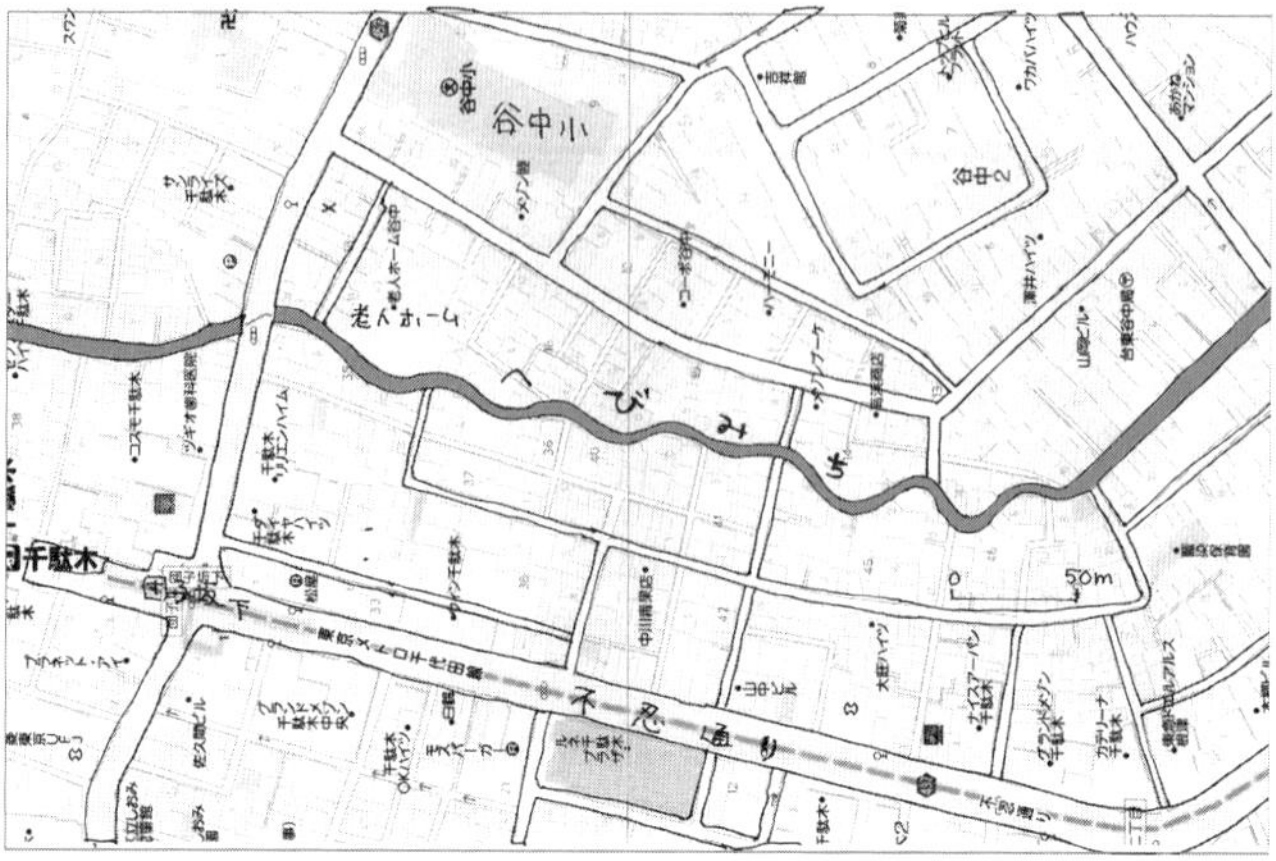

へび道

から昔の都電車庫の横を通る。

不忍通りに並行して藍染川跡は続くが、それを確かめるのは住居表示。川跡は今でも文京区と台東区の区界になっている。言問《こととい》通りを渡ると、道がくねくねと曲がっている。蛇行していた川をそのまま埋め立てたので、「へび道」とよばれている。自然にできたカーブをくねくね走るのは気持ちがいい。このコースのハイライトだ。

枇杷橋の案内板を過ぎると「よみせ通り」。にぎわう右手の商店街は「谷中ぎんざ」で、夕焼けだんだんの石段で日暮里の台地につづく。道灌山を過ぎると藍染川は通りから離れ、路地奥をたどることになるが、私はたいてい赤紙仁王を見て田端銀座を抜け、駒込駅脇の山手線ガードをくぐる。本郷通りには霜降橋という地名がある。その先の区界は難しいが、霜降商店街を行く。おそらくここが川跡だろう。この商店街は西ヶ原４郵便局のあたりからちょっと登りになる。商店街

ちょっと寄り道、夕焼けだんだんからの眺め

はさらに続くが、昔の川は左手からの流れだろう。郵便局前をしばらく行くと広い公園にでる。昔の東京外大の敷地だ。川跡は公園をかすめて細い路地に入るが周りを見渡すとお墓、お墓。染井霊園にはいった。さらに進むと右手上に青果市場の壁。広い中山道にでると反対側はおばあさんの原宿、巣鴨のお地蔵さん通りに出る。このあたりが藍染川の源流だろう。(実は最近、本流は飛鳥山から流れており、さらに大昔は石神井川が飛鳥山に突き当たって曲がり藍染川になったことを発見した)

時間があればちょっと戻ったプールの隣の染井温泉ＳＡＫＵＲＡへ。１２６０円と銭湯よりも高いので、私はここから４キロほど走って我が家のお風呂へ。上野不忍池から巣鴨地蔵まで約６キロ。突っ走れば１時間でくるが寄り道が楽しいので２時間はかけて走っている。

赤い紙を貼られてお顔がみえない

霜降橋、岩槻街道にかかった橋

東京外語大の跡は公園、手前方面に染井霊園

17 登れない　最高峰は　基地の中

【房総半島の最高峰愛宕山】（2012年8月）

東京のすぐ隣にありながら、房総の山々にはなじみがなかった。交通の便が悪かったせいだが、森田健作知事のおかげで東京湾アクアラインの通行料金が８００円に下がり一気に近くなった。最近私は房総の低山を日帰りで気楽に歩き走りするようになった。低山だから楽そうだし、山の上まで人影が濃いので安全そうな感じがするが、いったん南国風の照葉樹林帯に入ると、すぐに方向を失う。遭難騒ぎを起こした登山パーティもあり、注意は必要だ。地図をしっかりと頭に入れておけば楽しくランニングをすることはできる。

房総にはいいコースはいくつもあるが、今回は「最低の最高峰」と名づけてのランニングをしてみた。最低とは失礼な言い方だが、各都道府県別最高峰の中では最も低いのだから仕方がない。あらためて都道府県別の最高峰を調べてみると東京都の雲取山は２０１７ｍもある。大阪府の最高峰は低そうだが葛城山で９５９ｍ、沖縄本島は低いが石垣島に５２６ｍの於茂登岳がある。５００ｍ以下の最

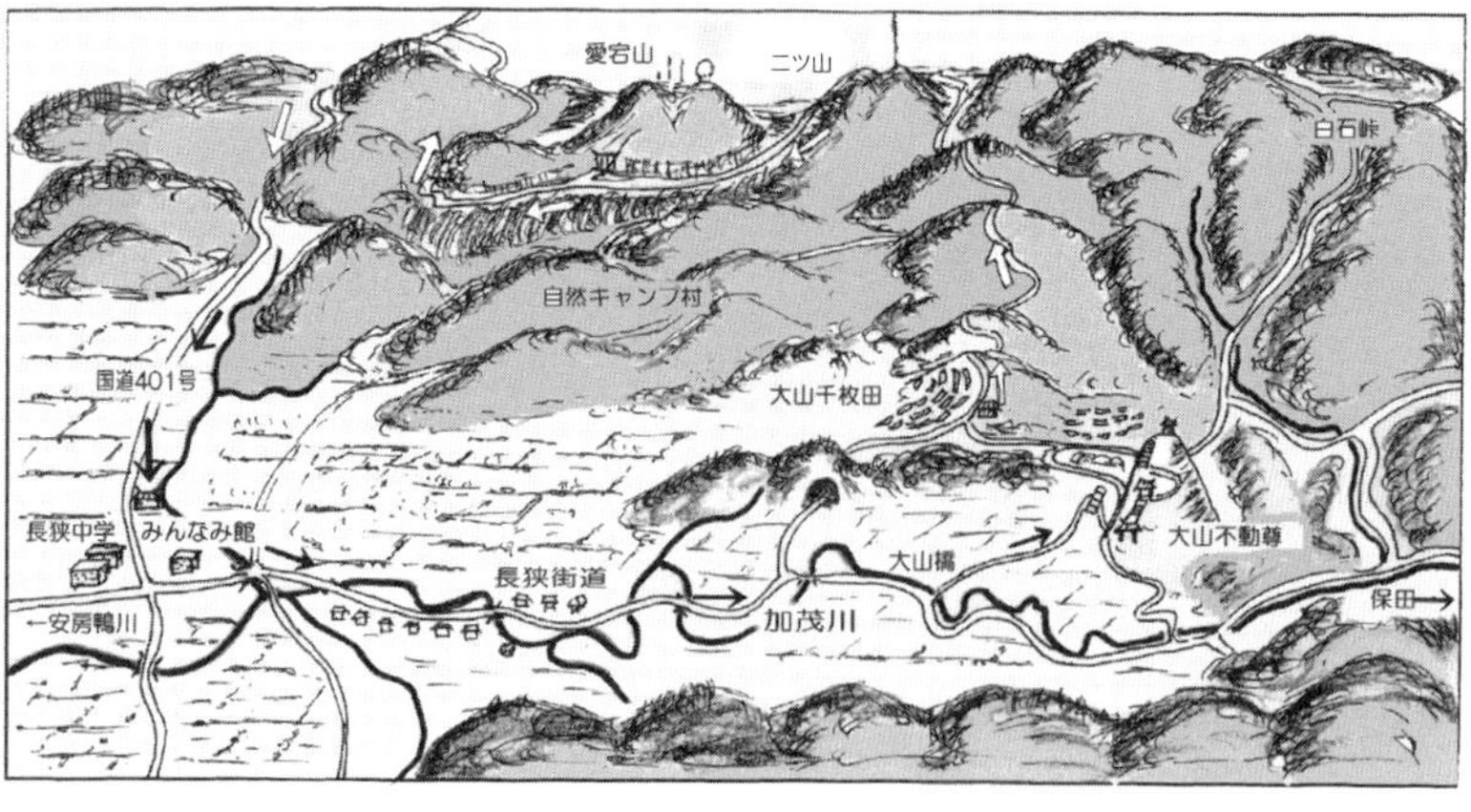

高峰は千葉県の愛宕山４０８ｍだけなのだ。

今回は車を使った。アクアラインから館山道の鋸南保田ＩＣをおり、長狭街道を安房鴨川方面に向かう。15分ほどで横根峠を越え、外房に流れる加茂川水系を下る。長狭街道と国道４０１号線の交差点に長狭中学があるが、その近くの道の駅風の「みんなみの里」に車を置いて、時計の反対回りに大山不動尊、千枚田、二ツ山、愛宕山、国道４０１号線を巡ろうと考えた。全長は17キロほどだから4時間はかかる。お茶とおにぎりをリュックに入れて10時きっかりに出発。長狭街道脇を流れる川は加茂川、松尾寺、六地蔵など京都か？と思うような道を4キロほど戻る。大山橋で加茂川を渡り大山不動尊への道に入る。1キロほどで石段と急な登りにかかる。その上に大山不動尊がある。山門から本堂の前まで天を衝くような急な石段が70段。さらにその上に高蔵神社がある。本堂前からは長狭盆地が見渡せるすばらしい展望台。本堂の向拝には「波の伊八」作の龍の彫り物がある。これもすごい。

大山不動尊は成田山、相州大山とならんで関東三大不動だ。不動尊の下では地元の人が総出で道路の草刈り清掃をしている。気楽に走っていては申し訳ないような感じ。お礼を言って千枚田の道を聞く。このあたりは人里なので多くの道があるが標識はしっかりしている。千枚田らしきものはいくらもあるが、11時半に本物の千枚田にでる。ＮＰＯ法人棚田倶楽部が管理している田んぼで、それぞれの田にオーナーがおり、田植えや稲刈り時には大勢の人たちが来る

大山不動尊　向拝の竜（初代・波の伊八の作）

そうだ。ここで一休み。倶楽部のカフェで甘酒をいただいてお話を聞く。昔はちょっとでも休むのは嫌で、話はそこそこに先を急いだが、私も近年優雅になって、こんな時間を楽しむことができるようになった。「そんなに急いでどこへ行く?」の言葉が実感できるようになった。3・11の震災以来のことだ。あの震災で私のランニングスタイルに変化が出てきた。速ければ、長ければ、がんばれば、いいだろうという気持ちはまったくなくなった。

　棚田から山に向かってかなりの登りになる。山の中でも舗装があり、いくつも分かれている。緑色のAコースと表示されている道が尾根道の林道に導いてくれる。林道に出てほんのちょっと進むと「二ツ山」の登山口にでる。事前情報で最高峰の愛宕山の上には自衛隊の基地があり、登れないことが判明したので、すぐ隣にあり、昔は最高峰と言われた「二ツ山」(376m)をとりあえずの目標にした。登山時間はほんの3分で

林道から二ツ山への登り口。頂上まで3分

頂上に出る。12時10分。目の下に長狭の盆地、棚田が豊かな感じで広がっている。房総の山は人々の営みが奥深くまで行きわたっている。林道に戻って景色を見ながら自衛隊の基地のゲートに出る。聞いていた通り入山を拒んでいる。まあしかたがないか。でも都道府県別の最高峰で登ることのできな

大山不動尊本殿への石段

い山はここだけだ。高度は最低だが登山は最高に困難な山なのだ。

事前に申し込んで許可を得れば自衛隊員が付き添って登ることができる。届けを出して1カ月後に登ることができた（証明書あり）。

1時ちょっと前にゲート前から下り始める。ゲートから国道401号まで3キロ。「人生下り坂、最高！」とNHK番組「こころ旅」の火野正平さんのセリフを真似しながら下る。国道にでると車が現れた。本日大山不動尊からここまで車に一台も出会わなかった。国道の車はちょいと怖いが下り坂は続く。2時ちょっと前に長狭中学まで戻る。みんなみの里で足湯に浸かって車で保田まで戻り「番屋」でお風呂に入り、豪華魚料理。車なのでビールが飲めないのがつらい。

愛宕山山頂、自衛隊のレーダーが見える

みごとな大山千枚田

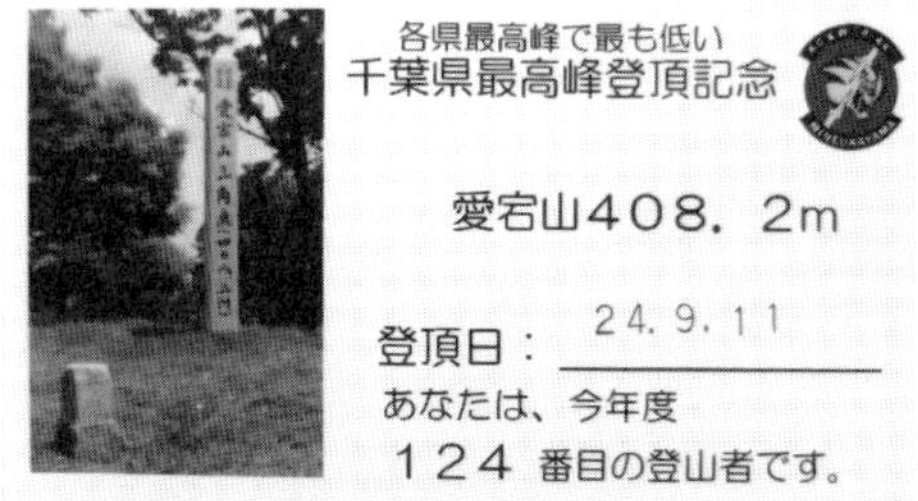

各県最高峰で最も低い
千葉県最高峰登頂記念

愛宕山408．2m

登頂日：　24.9.11
あなたは、今年度
124　番目の登山者です。

後日登った愛宕山登頂証明書

中山嘉太郎『シルクロード9400㎞　走り旅』2004年、山と渓谷社

　ジャーニーランという言葉がある。E・シャピロが「ウルトラマラソン」という本の中で使った言葉で、「走り旅」と訳されている。走って旅をすることなどー般的には理解しがたいかもしれないが、長い距離を走ることに興味を持っている人間にとってはわくわくするような響きがある。

　遠くまで自分の足で身軽に走り、行きついたところが旅の終点だったりする。響きのいい「走り旅」はじつはとても汗臭く泥臭いことなのだ。地図を広げて目的地を探しながら行く。情報の少ない外国では大変だ。地図にない道を大型バスが走っていたり、地名が変わったりしていることが頻繁にある。ことばもうまく通じないので現地語を覚えるしかない。

　むだに思える行為にひかれ中国の西安からトルコのイスタンブールまでシルクロードを走ろうと決めた。ゴールはかつてトルコに留学していた三輪さんと相談してトプカプ宮殿にした。

　2000年5月24日山梨の自宅を出て、成田空港まで200キロを4日で走った。途中2泊は小学校の軒先で野宿。リュックと靴のテストを兼ねていたが、それらに不満はなかった。このリュックと靴を友にして行くことにした。

　中国ではどんなことが待ち受けているだろうか。しんどいからやめたと弱音を吐きたくない。行くなら意を決して行こう。こうして私の「見たい聞きたい話したい走りたい」という走り旅が始まった。

＊　＊　＊

　唐の時代、ローマ帝国は滅び、コンスタンチノーブル（イスタンブール）が東ローマの首都でした。

（三輪）

第4章

山のあなたの峠越え

18

山刀伐の　峠を越えて　尾花沢

【尿前の関から赤倉温泉、山刀伐峠】（２０１４年６月）

　芭蕉といえばわび、さびの文化を広めた俳聖。山奥の古い池の脇に立つ陋屋に一人静かに座し、蛙がポチャンと飛び込むのを見守る老人、の姿を想像するかもしれない。しかし私にとっては日本中を駆け巡る「ランナー」のイメージだ。与謝蕪村が描いた「おくのほそ道」の道中姿を見れば、とても走る姿は想像できない。しかし実際に芭蕉が歩いた距離を、自分で確かめてみれば、我々軟弱ランナーの比ではない「走り」をしていることがわかる。今回「おくのほそ道」の最難所とされている「尿前《しとまえ》の関」から堺田経由、山刀伐《なたぎり》峠を経て尾花沢までを辿ってみて、芭蕉がウルトラランナーの先達であることを確信した。

「なんだ！　また芭蕉忍者説か。分かったからもういいよ！」と言われそうだが、またちょっとお付き合いを。

　芭蕉とお供の曽良は、奥州平泉を出て「尿前の関」から奥羽山脈を越え尾花沢に向かいさらに立石寺に参って「閑さや岩にしみいる蝉の声」と名句を作った。

尿前の関で取り調べを受ける芭蕉と曽良

　しかしその数日前の奥羽山脈越えの難所では、さすがの芭蕉も疲労困憊。さらに雨で３日も足止めを食らった。そこでは「蚤虱　馬の尿する　枕元」とかなりめちゃくちゃな句を作っている。私も走

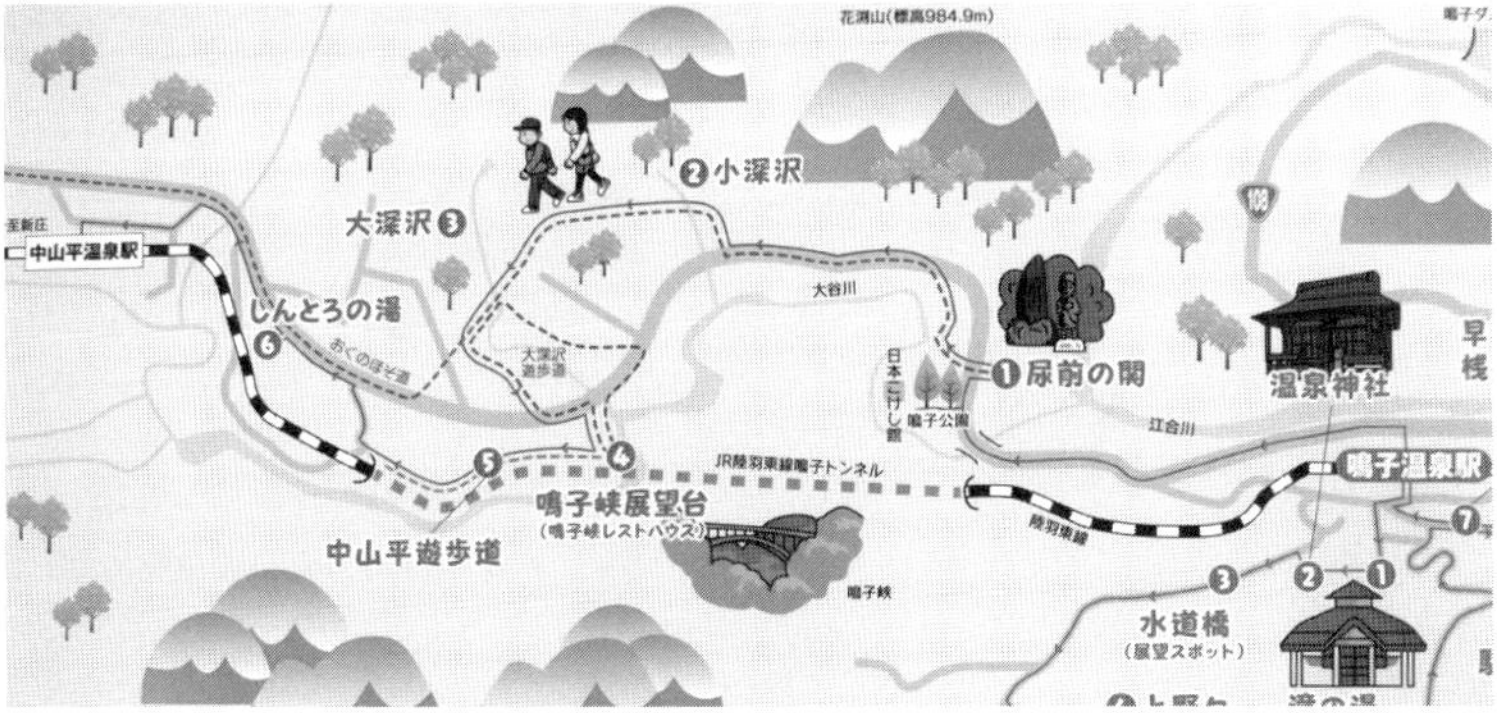

尿前の関から中山平温泉へ

り疲れると苛立って当たり散らすことも多い。芭蕉もきっとストレスを感じていたのだろう。

　さて私は東北新幹線の古川駅から陸羽東線の鳴子温泉駅で降り、尿前の関に向かった。関所の名前は「しとまえ」で、義経の子がおしっこをしたとの伝説からの命名らしい。尿前に奥羽山脈越えの関所が設けられていた。芭蕉と曽良は岩出山を朝出発して昼過ぎにここまで来たが、密偵（忍者）と疑われ、きびしく取り調べられ、解放されたのはもう夕暮れちかくになっていた。彼らは薄暗くなって山脈越えをした。

　私は暗くなって山の中を歩くのはゴメンなので、復元された石畳を辿って11時に関所前を出発した。関所前の尿前坂、薬師坂を登り、スキー場の廃墟を通過し、小深沢、大深沢を越え、「中山越え」の道を歩いた。堺田までは10キロを3時間で走った。現在はふかふかの落ち葉を踏みしめる最高のラ

尿前坂（写真のため逆走）

堺田の手前（橋がない！）

ンニングコースだが、芭蕉と曽良は雨の中、暗闇の中やっと封人の家（庄屋）で宿を乞うた。庄屋の家は馬も同居する造り、雨音と馬の尿音、蚤虱で眠れなかったのだろう。で、あんな句を作ったのだ。

芭蕉は堺田で雨に降りこめられ3日間逗留する。堺田駅前には小さな水流があるが、この水が日本海に流れるか太平洋に流れるかは、お天道さまの気分次第。それで「堺田」という。

芭蕉が泊まった家、馬と同居した

堺田から尾花沢までは山刀伐峠越えで31キロある。芭蕉は若者を道案内にして朝早く封人の家を発って昼過ぎには尾花沢に着き、地元の方々と俳諧の会を開いている。時速4キロで行くと8時間かかる。峠越では時速2キロ以下に落ちるから平地では時速7キロで行かなければムリ。かなりの部分で忍者走りをしていることは間違いない。

「高山森々として一鳥声聞かず、木の下闇茂りて夜行くがごとし、雲端につちふる心地して…」、芭蕉は漢詩を引くのが上手で、ここでも「つちふる」（土が舞い上がる大風）という杜甫の詩をひいている。

私は赤倉温泉から、案内もつけず「つちふる」山刀伐峠越えに向

かった。峠入り口には新道トンネル、旧道、古道の三つがある。古

トンネル、旧道、遊歩道の三つの道が通る

道はブナ林の中、歴史の道として整備されているので歩きやすいが、急坂でつらい。しかし高低差は１５０ｍほどで、30分で登ることができる。尾花沢への下りは杉林で暗く、ながい。おまけに倒木はあり、草ぼうぼう、靴は露でぐ

山刀代峠へ登る！　ブナの林

じゃぐじゃになる。でも芭蕉のいうほどの難路ではなくランニングを楽しめる道だ。

市野々で軽トラのおじさんが「乗りなよ」と言う。迷わず乗せてもらい高橋まで行き、そのあと10キロ走り、尾花沢の芭蕉清風歴史資料館についた。そこで芭蕉像と対面。本日はわずか13キロ、芭蕉の歩いた距離の半分にも満たないのに、俳句をつくろうという体力も知力も残っていない。やはり芭蕉は偉大だ。

石碑の署名は「はせを」となっている。芭蕉さまは「はせお」＝「馳男」＝「走る男」と思っていた。ムムッ！　やはり芭蕉はジャーニーランナーと自覚していたのだ！

19 繋がらない　国道ニクイ　清水の峠

【土合から歩くしかない国道２９１号線】（２０１０年９月）

関東と越後を結ぶ重要な峠である清水峠には、明治時代には馬車が通れるような国道が整備されていた。といっても開通後すぐに崖崩れ、雪崩などによって通行不能になった。その後も依然として28キロが車通行不能であるが、国道２９１号線として引き継がれている。近年廃線、廃道好きの人たちの聖地ともなっている。山走りの経験者なら、時期と天候さえまちがえなければ難しいコースではない。

昨年は８月はじめに奥さん連れで下見をし、９月に友人と一緒に走ってみた。新潟県側の道は荒れており、辿ることはまったく不能だったが、群馬県側は昔の街道らしい部分を楽しんで走ることもできた。魔の山と恐れられる谷川岳一ノ倉沢を横切るので、６月初旬には雪渓が残り、梅雨時、台風時には急な沢から鉄砲水が襲ってくる。最近はクマを見たという人も多い。一人でここを行くのは危険が伴うので、複数の人で行動をした方がいいだろう。

高崎を７時10分の上越線に乗れば水上乗り換えで、８時33分には谷川岳登山の玄関口土合《どあい》に到着する。ホームから改札口までの４８６段の階段は、今日の山走りの覚悟が試される感じだ。上りホームにある改札口をでてロープウエーへの道路を10分ほど上がると土合橋がある。橋を渡ったところから湯檜曽川に沿う道に入る。この道は旧国道に対して新道と呼ばれている。谷川岳一の倉沢の大岩壁を見ながら、１時間ほどでＪＲの巡視小屋と成蹊大学の虹芝寮がある場所に出る。ここからいくつかの沢を横切りながら武能沢の分岐にでる。土合からここまでは石がごろごろしているがゆっくりなら走ることはできる。しかしここから白樺小屋までの急登を走るのは大変である。水もないので沢で補給しておく。登り1時間で旧国道からの道と合流する。旧国道は武能沢付近が崩れているので通行は難しい。合流点からすぐ先に無人の白樺避難小屋がある。

　この小屋まで12時前につかない場合は清水峠には行かず、蓬峠に登った方が、土樽駅に早く着くことができる。行こうか戻ろうか、行き先変更するかの決断の場所だ。

　白樺小屋の先から鉄砲尾根の向こうに清水峠の三角形の小屋が見える。直線距離は短いが国道は山襞をぬいながらくねくねと続いているので実際の距離は5キロにも

土合からマチガ沢、一の倉沢、芝倉沢をたどる道は旧国道。湯檜曽川沿いの道が新道。白樺小屋で合流。清水峠への道は少し荒れているが昔の面影が残る

道標は整備されている

湯檜曽川を行く。沢に橋はない

なる。沢を渡る部分は崩れているがほぼ平坦路なので快適に走ることができる。本日のハイライトだ。1時間半で清水峠に着く。実はその日、私は日帰り予定だった。清水集落からのバスは少ないので、蓬峠経由でJR上越線の土樽駅に

旧国道：巡視小屋の近く

降りることにした。清水集落で宿をとる友人と1時半に別れた。新潟県側の旧国道２９１号線は完全な廃道になっており、彼は登山道である謙信尾根をゆっくり下り、清水集落の有名な民宿「運天」に3時45分に着いたという。

無人の白樺避難小屋

私は清水峠から七ツ小屋山経由で蓬峠へ尾根道を辿った。七ツ小屋山から蓬峠は視界が開けた天上の道、まさにランニングハイになる気分だった。2時30分、峠の蓬ヒュッテに到着。小屋主の高波さんがおられた。お茶をいただいて

3時に土樽への下りにかかる。すぐに水場が出てくる。お花畑をすぎると、立派なブナの急坂になり、沢沿いの道にでる。森の中はいいが沢沿いは石がごろごろしており、捻挫しそうだ。そのあたりは走るのには不適。東俣沢出合までくれば林道は間近だ。茂倉岳入口に谷川岳の開拓に尽くした高波吾策の銅像がある。蓬ヒュッテの高波さんのおじいさんだ。5時に土樽駅到着。駅の上の土樽山荘の伊藤周左衛門さんにお会いする。本日は谷川の主のような人にお会いできて感激。

峠を越える最終電車は6時12分。6時1分には長岡行きがあり、それで越後湯沢に出て駅前の温泉に入り新幹線で東京方面に戻る選択もある。

蓬峠：土樽への下山路

鉄砲尾根から清水峠へ：快適国道ランニング

参考記録：土合（8時33分）—土合橋（9時00分）—JR巡視小屋（10時00分）—武能沢出合（11時00分）—白樺小屋（12時00分）—清水峠（1時45分）—清水集落（3時30分）

私は別行動：清水峠（1時45分）—七ツ小屋山（2時30分）—蓬峠（3時00分）—東俣沢出合（4時00分）—土樽（5時00分）JR上越線

20 安政の侍も駆けた碓氷の関

【旧中山道碓氷峠、鉄道跡に走る道】（2007年8月）

峠の向こうにはきっと明るい未来が開けている。峠道に向かう時にはいつもそんな気持ちになる。でも「分け入っても分け入っても青い山」（山頭火）ということもあるが、要は気持ちの問題だ。私の峠越えの中で一番気に入っているのはこの碓氷峠だ。

上州から信州に抜ける峠、鉄道で言えば横川から軽井沢へ抜ける路線だ。といっても長野新幹線の開通で峠の釜めしで有名だった横川駅は信越本線の終点になった。横川・軽井沢間は急坂でふつうのレールでは列車が登れなかった。アプト式という三本のレールを使って登山電車のような方式で登っていたのを覚えている。いまそのレール跡は遊歩道になっており、ランナーには快適な道に変わっている。

碓氷峠は「安政遠足《とおあし》」のコースとしてランナーには有名だ。安政2年（1855）安中城主の板倉勝明は藩士を安中城から碓氷峠頂上の熊野神社まで武装して徒競走をさせた。この時の記録（時間は書いてなかった）が峠の茶屋から

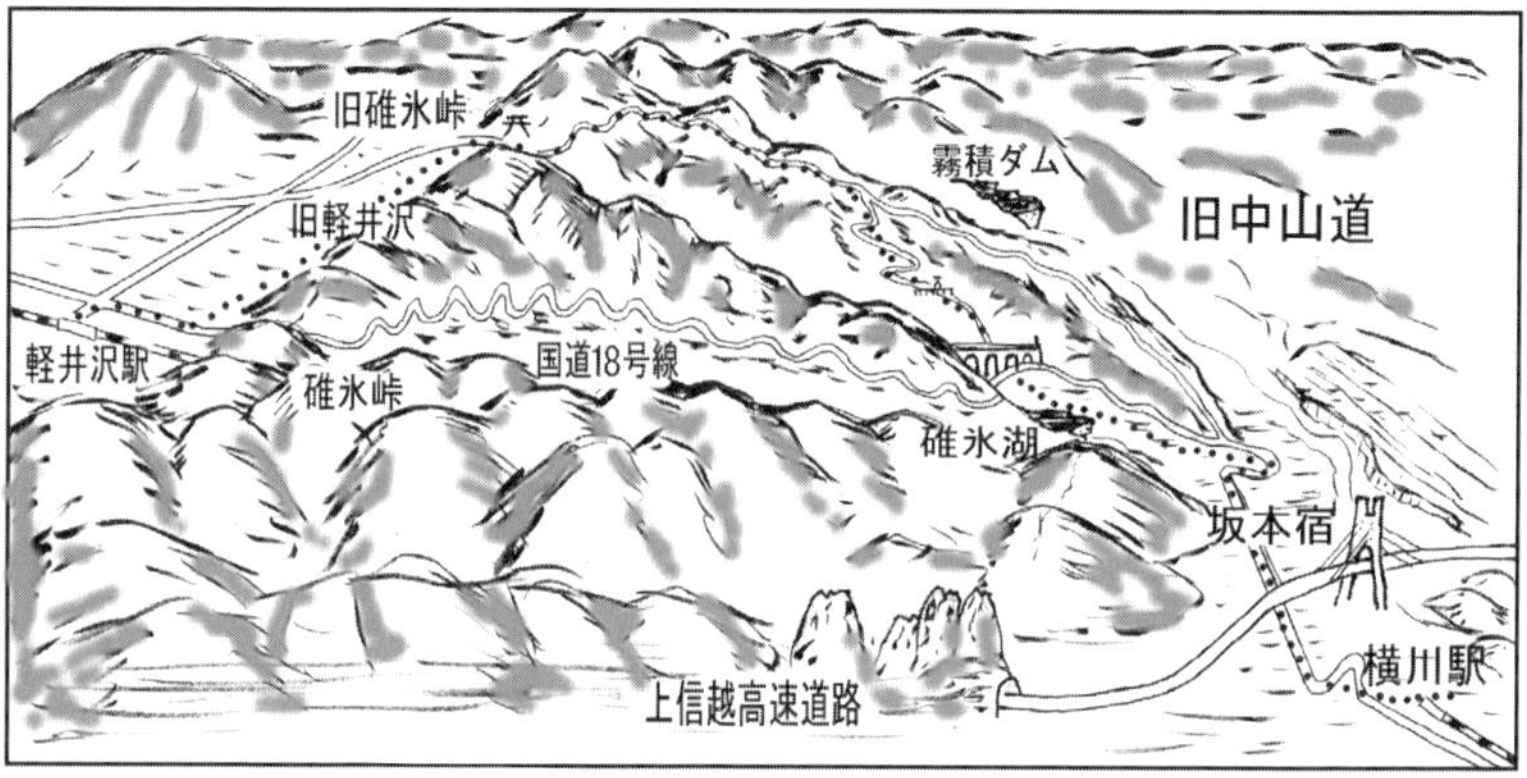

見つかり、これが日本最初のマラソン大会だと認定された。これを記念して安政遠足が開催されているが、記録よりも仮装マラソンとして注目の的になるユニークな大会である。

　安政遠足は安中城址から旧碓氷峠、熊野神社まで約30キロ。坂本宿から後が山の中の道である。マラソン大会では疲労してからこの山道に入るので、景色などは夢のうちになる。今回は後半山の中の部分をちょっとアレンジして楽しめるコースにした。

　昔横川駅は機関車の増結で長時間停車した。その間の楽しみは釜めしだった。のんびりした時代だったが、今は新幹線が地下トンネルをくぐってしまったので、釜めし屋さんは移転するしかなかった。線路はここで止まっており、鉄道博物館になっているが、廃線跡（下り線はまだ線路が残っている）に列車を動かす企画があり、07年にはトロッコ列車が横川・軽井沢間を走るそうである。そうなったら鉄道ファンでなくてもうれしいのだが。

　今回は碓氷関所から薬師坂をのぼり坂本宿にむかった。真っ直ぐで広い道を峠の湯までいく。この辺りは碓氷関所から4キロで、安政遠足の関所コースの終点だ。

　この先、安政遠足は旧中山道の山道に入るが、私は鉄道跡につけられた遊歩道を眼鏡橋まで2キロ行くことにした。トンネルには電気もつけられており快適なジョギングコースだ。碓氷湖を左手に見て、旧国道に沿って遊歩道を進み、碓氷第5号トンネルを抜けると、かの有名な眼鏡橋の上に出る。下からは何回も見ていたが、上か

碓氷関所

坂本宿

らの景色はまた格別だ。ここから先のトンネルはふさがれているので、橋から降りて渓谷を遡ることにした。

　二万五千分の一の地形図には眼鏡橋から旧中山道に出る道が記されているが、沢を渡る橋がない。小さなダムの上をくるぶしまで水に浸かって対岸に渡る。その先、草におおわれ、崩れたりしているので分かりにくいが、道跡をたどることはできる。あまり通る人はいないようだ。草をかき分けながら15分ほど歩くと、軽井沢への道標が見つかった。その先ははっきりした道が付いている。40分ほどで安政遠足のコースと合流する。そのコース側に「通行止め」の看板があった。上から降りてくる人は見えるが、下から来る人にはわからない。

線路跡遊歩道

トンネル：地図を持って走る

　合流点から先はほぼ平坦ないい道が続く。緩やかな登りだが、ふかふかの土道なので快適に走ることができる。安政遠足の看板には残りの距離が示してある。

　昔は途中の平坦地に交番や山中

小学校などもあったようだ。子持山の裾をまわって、しばらく登ると日本海と太平洋の分水界の表示と熊野神社にでた。標高は碓氷関所が４００ｍ、坂本宿が５００ｍ、峠が１２００ｍなので、まるで登山みたいなコースである。距離は14キロ、3時間ほどかかった。

峠の先にはまるで別世界のような軽井沢の街が広がっている。私の世界もこれから広がるといいな、と期待しながら町へ下って行った。軽井沢駅までは40分ほどの下り。新幹線ができると在来線は廃止される。軽井沢から長野方面は第三セクターの鉄道になったが、横川方面は完全に廃止された。横川までは青春18きっぷで来たが、帰りは使えない。しかたなく高崎まで新幹線にのり、高崎から東京まで青春18きっぷで戻った。「いい年して青春18きっぷもないだろう」と言われるが、今は年寄りの方が利用は多いのだ。

めがね橋アプト式レールがあった

碓氷峠熊野神社

眼鏡橋、碓氷湖、碓氷橋

21

走れない　最南端の　ロードパーク

【九州最南端佐多岬へは車道だけ!!】（1999年12月）

「九州最南端の岬！」という響きは旅情を誘う。バイクや自転車、歩きの若者たちが岬をめざして訪れた。だれいうことなく旅人の聖地！　私が佐多岬を意識したのは15年も前のことだ。20世紀最後の月に日本縦断走り旅の最終章を迎えるために聖地・佐多岬をめざし鹿児島県の大隅半島を南下していた。

つい最近友人から「佐多岬までロードパークを走った！」という話を聞いた。「大変だったろう？」と聞くと、「すばらしい道で、最高の気分で走れたよ」とのこと。私は15年前の苦い体験から、「走ることができたか？」を聞きたかったのだ。その昔、ロードパークは国立公園内なのに一企業の所有地で、専用バスしか通ることはできなかった。徒歩、自転車の人はゲートの閉まっている夜間から早朝、だれかに見つからないよう秘かに侵入するしかなかった。

15年前のその日、私は大根占のネッピー館を6時半に走りだし、対岸に開聞岳を眺め、薩英戦争の砲台跡を見ながら伊座敷に向かった。途中ソテツが目立つ「苙」という集落があった。とても読めないので聞いてみると「おろ」だと

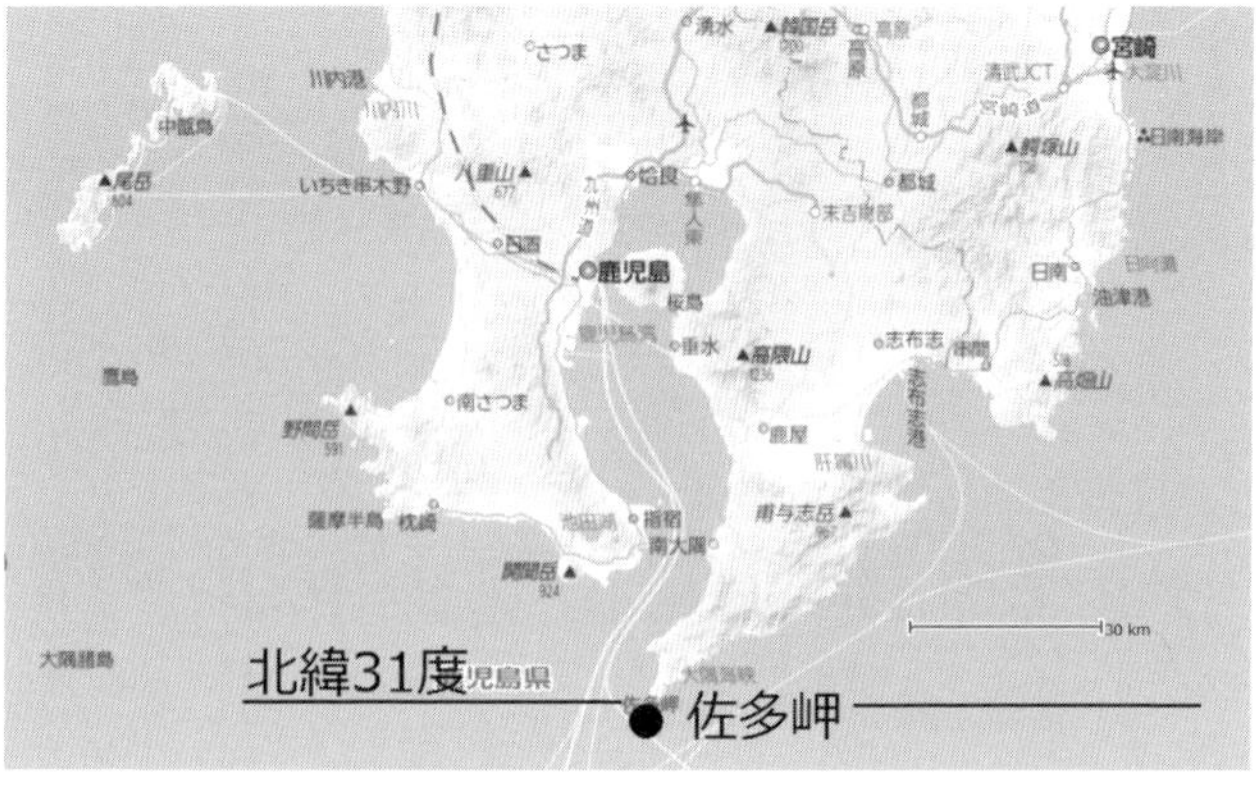

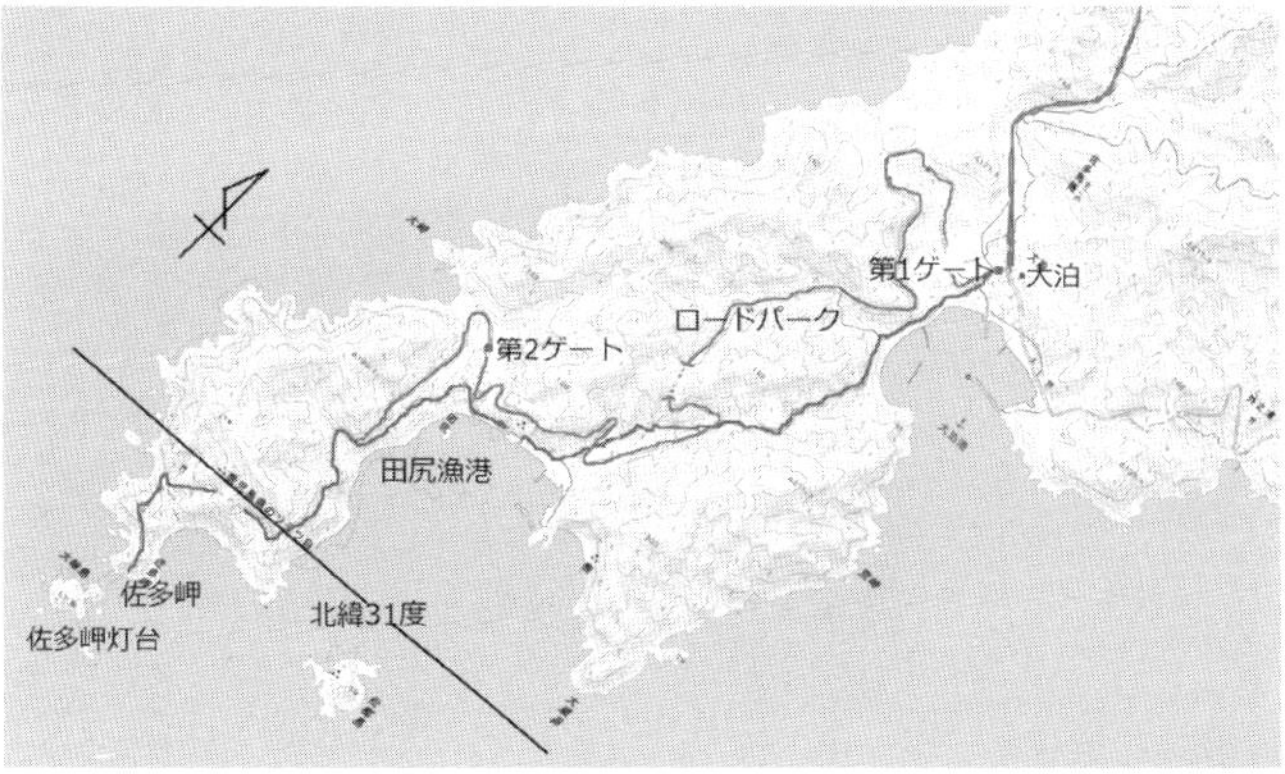

いう。「走り旅」は寄り道が多いので、スピードはない。18キロ地点の伊座敷に着いたのは8時55分、時速は7キロだ。始業時間に合わせて役場で情報収集。つい「日本縦断ランニングでここまで着きました！」とよけいなことを言った。役場の人は「それはおめでとうございます。あと10キロほどですね！」と言う。「いや19キロありますよね」と言い返すと、「ロードパークは走れませんから大泊で終わりですね！」。「なんで走れないの？　北海道の宗谷岬からずうっと走ってきたんだ。佐多岬まで行きたいんです」。何度もやり取りをしたけど結局、「役場ではどうしようもありません」とのこと。

もしかするとロードパークの入口の大泊で最後になるかもしれないという暗い気持ちで伊座敷から10キロほど走る。楽しいランニングは一にも二にも気分の問題だ。気分がよければ辛さも足の痛みも感じない。大泊では「日本縦断をここで終了した」という自転車や徒歩旅行の人たちの書置きを見かけた。「ゲートが閉まってからなら行けるよ」とのアドバイスもあったが、まだ昼前。そんなに悠長に待っていられない。

日本縦断を終えたら、声を大にして「ロードパークを走らせろ！」の運動を広げようと思った。同じことを思う人たちも大勢おり、２００２年に雑誌ビーパルでシェルパ斎藤君が声をあげてくれた。彼も大泊で悔しい思いをした

佐多岬マラソンの案内パンフレットから。遠景は開聞岳

のだ。道路は２０１２年までに完全に町に移管され、いまは歩行者も自転車も自由に行き来できるようになり、悔しい思いをしないですむ。友人は、私がそんなに悔しい思いをしたことも知らず、無邪気に、「景色は最高、快適だったね！」と喜んでいたので、「だれのおかげで快適ランニングができたと思ってるのか！」とちょっぴり言いたくなった。

　私は第一ゲートの前で昼食をとりながら、思案した。このゲートは何とか潜り抜けることはできるが、第二ゲートのオジサンが難関だそうだ。地図を見ると海岸線に沿って田尻漁港へ行く道はある。田尻漁港は第二ゲートよりも岬に近い。漁港から断崖を登れば台地上にあるロードパークに出ることができるかもしれない、と判断して、田尻まで歩く。しかし佐多岬付近の海食崖は絶壁で上るのは危険そうだ。暗澹たる気持ちではランニングなどできない。１時間ほど歩いて田尻集落に到着。私の話に同情してくれたおばちゃんが、「裏の小さな沢に、細い道がある」と小声で教えてくれた。その後に「村の人が教えたと言っちゃだめ。あとでお咎めを受けるから」と言う。私は15年間その秘密は守ってきた

北緯31度の緯線（1999年）

が、もう時効だから話してもいいだろう。

　南国の植物につかまりながら20分ほど格闘のすえ、ロードパークの舗装に出た。しばらく行くと北緯31度のモニュメントが見えた。カイロ、ニューデリー、上海などと同緯度だそうだ。ここから岬の駐車場までは５００メートルほど。バスの運転手に見つからないように全速力で走った。

　駐車場の脇のトンネルを抜けると岬に出ることができる。トンネルから先は歩く道で展望台にむかっている。佐多岬の看板の前で植村直己冒険賞受賞の中山嘉太郎さんが作った「日本縦断」の横断幕を広げて写真をとった。やったぜ、自分の足で日本縦断したぞ！

　ライダー、サイクリスト、ランナーの「聖地」と言われるが、佐多岬に立つのは、けっこう大変だった、という歴史をちょっとだけ知って欲しかったのだ。

中山嘉太郎作の横断幕

上れる場所を探したがこんな断崖では無理

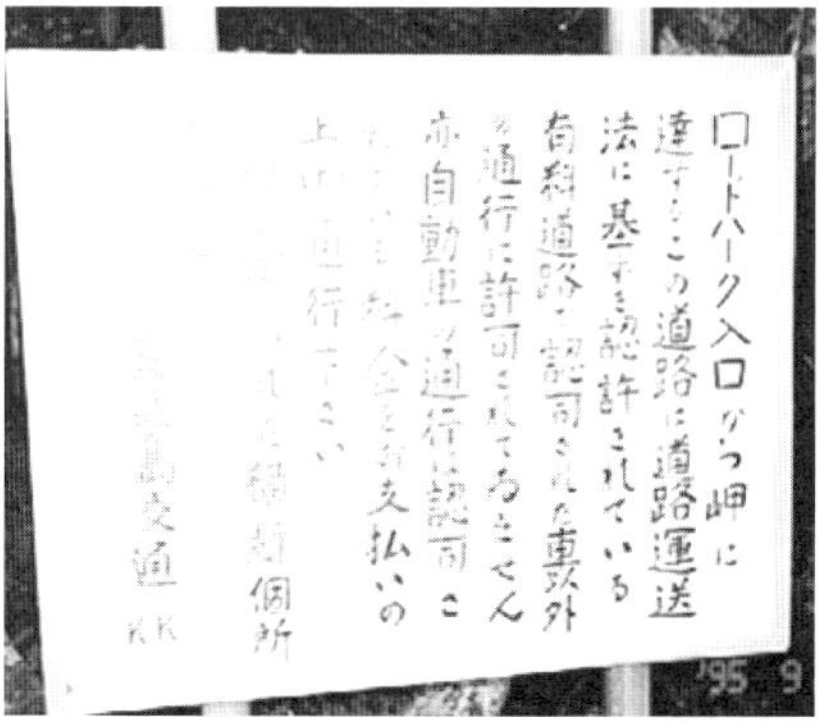

認可された車以外通行禁止の看板

22

あかあかと　牛も駆けだす　倶利伽羅峠

【石動から越中加賀の峠越え】（２０１２年３月）

北国街道の富山と金沢の間に倶利伽羅峠がある。「おくのほそ細道」ではくりからが谷となっているが、この谷の坂で芭蕉は「あかあかと日も難面《つれなく》も秋の風」と詠んでいる。「つれなく」の意味は何か。疑問のままで北陸本線石動《いするぎ》駅を出発した。今年は２０１２年の干支である辰《ドラゴン》を訪ねる旅とした。辰と龍が同じなのかどうかは分からないが、東南アジアではドラゴンである。倶利伽羅《クリカラ》とは仏教用語で龍王のことだという。私は勝手に２０１２年の干支の場所としてクリカラ＝龍＝辰とこじつけて倶利伽羅龍にお参りをすることにした。

金沢には所用があった。昼間に倶利伽羅越えをして、夕方金沢に到着する予定を組んで、朝早く東京を出た。新幹線越後湯沢、ほくほく線経由で北陸本線の高岡で乗り換え石動駅には10時についた。駅前を走るのが北陸道だ。荷物は金沢の宿に送ってあるので、小さなリュック一つで走りだす。北陸線の線路を越えて埴生への信号機を右に入り、街道らしい町並みを行くと駅から20分ほどで「源平の郷」という道の駅に着く。隣りに護国八幡宮があり、木曽義仲が戦勝を祈願したとされている。とてつもなく大きな義仲の騎馬像がある。石段下で鳩清水の名水をいただき、ボトルに入れて、走る姿と気持ちに切り換える。

源平の郷から埴生宿をとおり医王院の先で緩い上り坂に入る。医王院の上にはかなり立派な古墳があることを後からGoogle の写真で見つけた。古墳の標識に気づいてはいたが、未知の道なので緊張

があり寄り道せずに先を急いだ。せっかく先人の貴重な遺産を示されても、余裕がなければ目にも入らない。もったいないことだ。

医王院から1・5キロほど舗装路を行くとふるさと歩道の長坂登口にでる。民家は途絶え山道に入る。歴史国道に指定されているので小砂利で簡易舗装されているが、雨雪の後にはかなり滑りそうだ。登りきると土の道になるが、全部土道のままにしておいてくれればよかったのに。杉の植林地の木の間からは砺波平野、その先に立山・剣岳の高峰が見える。昔の旅人もこの風景に疲れをいやされ

埴生宿　八幡宮の名水、鳩清水

歴史国道　長坂登口

落ち葉の旧北陸道

たのだろう。さまざまな歌碑や石碑が立っている。緩い坂を登りながら景色を見、歌碑を読みながらのランニングなので足にはまったく負担はない。しばらく行くと北陸道峠茶屋跡にでる。もちろん今茶屋はないが、東海道中膝栗毛の

源平合戦のとき「火牛」での攻撃

十返舎一九は、「ここもとは柴栗からの茶屋なれやはかり込むほど往来の客」と当時の賑わう様を詠ったという。クリカラをもじって「柴栗から」としゃれたとのことだが、面白くもないな！

　本当の茶屋はこの先の猿が馬場

峠の茶屋跡、いいお休み場がある

付近とのこと。１１８３年平維盛の平家軍と木曽義仲・巴御前の源氏軍が対峙し、義仲軍が牛の角に松明をつけて夜討ちをかけ、平家軍を地獄谷に追い落とし大勝利を挙げたのが倶利伽羅の戦いである。義仲は意気揚々と比叡山から

都へ入るが、都人から野蛮人とののしられ、従兄の源頼朝に嫌われ、義経の軍に敗れて亡くなる。芭蕉は野性児の義仲の生き方を好み、死んだあと義仲の墓の裏に葬ってくれと遺言するほどにひいきをした。両人の墓は琵琶湖畔の義仲寺に今でもある。倶利伽羅峠には芭蕉の句「義仲の寝覚めの山か月かなし」が立っている。勝利したのに「月かなし」とあるのは義仲の最期を思ってのことである。

源平合戦の碑

　峠の下に倶利伽羅不動寺がある。不動明王のもつ剣に倶利伽羅龍が巻きついている。本日目的の龍（辰）ドラゴンにお参りする。この寺の入り口には鳥居がある。日本の仏教は神仏混淆、細かいことには拘泥しなかった。お昼は倶利伽羅そばを食べる。

倶利伽羅不動寺の鳥居

　境内からは立山・剣岳（これも倶利伽羅剣？）がよく見える。さまざまな歴史絵巻が展開するので時の経つのを忘れた。石動駅から10キロ弱、2時間。下りは龍ケ峰城を経て津幡へ向かう歴史国道が続く。しかし私は街道の変遷が見たくて登り返して天田峠へいく。棚田の美しい旧道を竹橋宿にかけ下った。「人生下り坂、最高！」。ＪＲ北陸本線の倶利伽羅無人駅で鈍行列車を待ち金沢に向かった。

坪井伸吾『ロスからニューヨーク　走り旅』2012年、ラピュータ出版

11月8日午前10時、いよいよラストランである。天気はいいし暑くも寒くもない最高のコンデションなのに足が進まない。たった5キロなんて走ったりしたらあっという間に終わってしまう。そう思うと、心にブレーキがかかってくるのでそれを受け入れることにしてノロノロと歩く。すでにゴール地点は見えている。あそこに着けば旅はおしまい。あとは帰るだけ。途中で車に轢かれないかぎり、もう完走は間違いないラストラン。5400キロも走ってたどりついたのだ。幸せの頂点でなかったらウソである。なのに何だかぼんやりしている。うれしいよりもむしろ寂しい。〈中略〉

マラソン競技ならゴールラインを越えて「これでおしまい？」と迷う人はいない。でももともとぼくの旅には決められたルートはない。だからスタート地点を自分で決めたように、ゴールも自分で決めなければならなかった。ただそれには納得できる場所が必要で、物理的に走り切ったというだけではだめだった。僕はさらに3キロ走って名前すらない丘に立った。北側の高速道路を走るトラックに向かって「おしまい」と叫んだ。すると南と東と西にも挨拶しないと失礼な気分がして三方向にもそれぞれ叫んだ。それからコーラの残りを一気に飲み干して、立小便をした。ものすごくすっきりした。北米横断ランはその時に本当に終わった。

＊　＊　＊

まさにフォレスト・ガンプ的な終わり方だなあと感心した。

（三輪）

第5章

いにしえの　旅人想う　旧街道

23 環境庁　車は通さぬ　尾瀬の入り口

【南会津・沼田街道を尾瀬沼山峠へ】（2010年6月）

　ちょっと前まで日本の秘境と言われた檜枝岐は会津田島から直通バスが通うようになり秘境的雰囲気は消えた。休日には尾瀬の会津側の登山口としてもにぎわう。といっても群馬側に比べればまだまだ人は少ない。昔は尾瀬を通って群馬県の沼田へぬける沼田街道があった。戦後その街道に車を通すための道路工事が始まろうとしたが、尾瀬の貴重な自然を守る運動が広がり、環境庁は工事を差し止めた。福島側は尾瀬の入り口の沼山峠まで舗装道路をつけたが、そこで行き止まりになった。

　旧沼田街道は舗装道路から外れたので、そこを通る人はいなくなったが、近年国立公園の一部として整備されたため、少しずつ人も通るようになった。今回私は檜枝岐の奥の七入《なないり》から登り、沼山峠休憩所から舗装道路を走って御池にくだり、さらにモーカケの滝を見物して再び七入に戻るコースを走ってみた。6月初めのまさに新緑の頃。すばらしい気分で走ることができた。まだまだ人が少ないこのコース。登山者だけでなくランナーの皆さんも堪能できると思う。

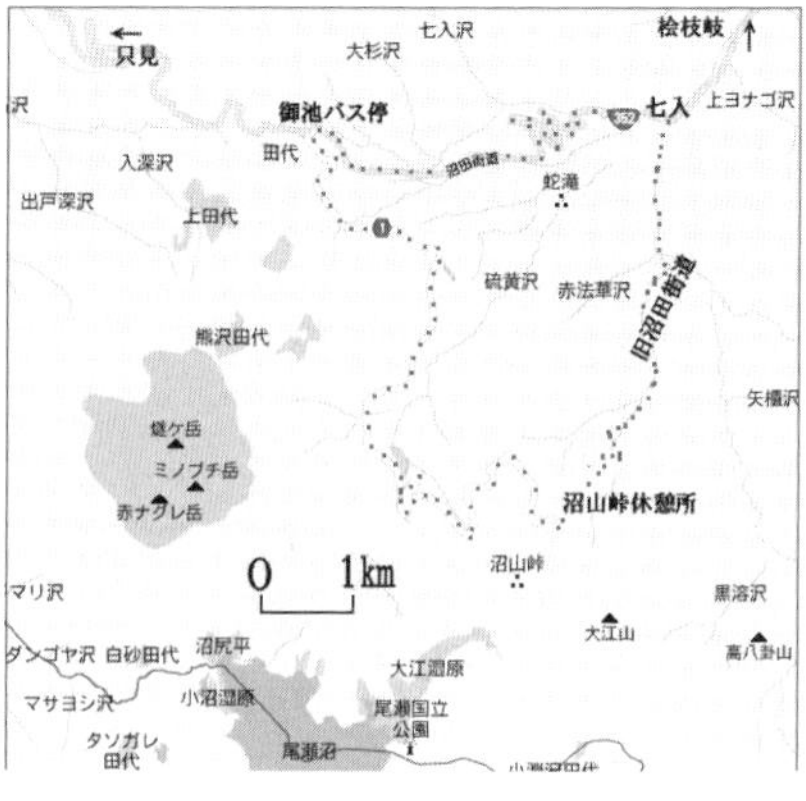

　七入バス停には大駐車場があるが車はいない。上部の御池から行くのがメインなのでここから登る人は少ない。が私たちはここに車を置いて、旧沼田街道の山道をたどった。最初のカラ松林には車の

轍があるが、沢を渡ると山道になる。ゆっくりなら快適に走ることはできる。いまは人はいないが、今後人が多くなると走ることはできない。走るなら今がチャンスだ。といっても七入から沼山峠休憩所までの高度差は７００ｍ近いから全部走るのはむりだろう。昨日民宿の夕食に出たミツバアケビの新芽を見つけたが、国立公園内なのでとることはできず、涙をのむ。

　急な場所や湿地帯には尾瀬ヶ原の木道と同じものが設置されており、危険なところは全くない。通常の登山道は1時間で３００ｍ登るのが標準だそうだ。しかし雨具と非常食、運動靴の軽い荷なので2時間以内で沼山峠休憩所まで登ることができた。途中にすばらしい「抱返の滝」がある。ほんのちょっと寄り道になるが、一休みして水分補給をした。ここまで距離は4キロほど。滝から30分で沼山峠休憩所のバス停にでる。

　ここから本物の沼山峠までは山道を30分行く。峠からちょっと下れば尾瀬沼につづく大江湿原が見える。しかし登りで疲れたので、売店でアイスを食べ、きれいなトイレを使って御池までの10キロを走り始める。この道はシャトルバス専用道路だ。他の車は入れないが歩いたり走ったりは問題ない。下ると目の前に燧岳《ひうちだけ》がだんだん大

燧岳　6月初め、まだこんなに雪が残っている

沢には立派な橋がかかっている。さすが国立公園だ

抱返の滝、すばらしい水の流れ。

きくなってくる。この道は燧岳の山腹を巻くようにつけられている。休憩所から御池までは10キロで２００メートル下る。全体がゆるやかな下り。まさに「人生下り坂最高！」の気分だ。しかし速度を上げると足にひびき、快適でなくなる。ゆっくり道端の小さな水

沼山峠へ。2013 年大会

芭蕉を観察しながら行く。尾瀬ケ原の水芭蕉は栄養がよすぎてオバケのように大きいが、この付近は手のひらぐらいのものがかわいくて親しみがわく。

　御池《みいけ》のゲート脇駐車場には多くの車が並んでいる。多くの人はここまで自家用車で来てシャトルバ

ご存じ、海宝さんと民宿の若おかみ。
新緑の中のシャトルバス道

スに乗り換える。車を持たない人は、ここで会津田島に行くバスを待たなければならない。シャトルバスは頻発しているが、会津田島行きは2時間に1本しかない。車がない人には不便なところだ。

　御池からは一般の自動車道をいく。坂は急なのでスピードを出す

と足にくる。途中のモーカケの滝によったり、おいしい湧水を汲んだりして七入りにもどり、駐車しておいた車で旧伊南村の宿に戻った。

　登りは速歩6キロ、ほぼ2時間、シャトルバス道ラン10キロ、1時間半、御池―七入トロトロラン7キロ、1時間、合計23キロを休憩を入れて5時間だった。

路肩にさく水芭蕉。さすが尾瀬。
でもここの水芭蕉は小さい

　実はこのコースはこの秋に行われる「伊南川100km遠足」のコースの一部だ。このランニングは、主催者の海宝さん、実行委員の酒井さんと3人で行った。何を隠そう私はこのトンデモナイ高低差のある100キロコースの設計者なのだ。前半の山登り部分は国立公園なので集団走はできない。「走ってはいけない」部分のあるマラソン大会はここだけかもしれない。なので「遠足」となっている。

伊南川100kmのコース
中間点の上だけが今回のコース。檜枝岐、木賊、小豆、古町などの温泉がたくさんある。秋の紅葉時は最高の景色

24 富士を見て　甲州街道　犬目宿

【鳥沢から犬目・野田尻・上野原宿へ】（２００６年10月）

甲州街道は江戸と甲府を結ぶ五街道の１つであった。ほとんどが国道20号線、ＪＲ中央本線に沿っているが、上野原宿から鳥沢宿の間は、それらからかなり離れたところを通っていた。いったん忘れ去られた野田尻宿、犬目宿は、中央高速道路がとおることで再び見直されるかと思われたが、歩く人がちょっと増えたぐらいで、昔のままの静かな雰囲気が残っている。鳥沢駅から上野原駅まで15キロ。３時間ぐらいかけてゆっくり走るには快適なコースだ。駅には「甲州古道ウォーキングマップ」がおいてある。

私はＪＲ鳥沢駅から上野原に向かう上りのコースの方が好きだ。それは疲労がくる前に一里塚や旧街道の石畳道を見ることができるからだ。疲れてくる

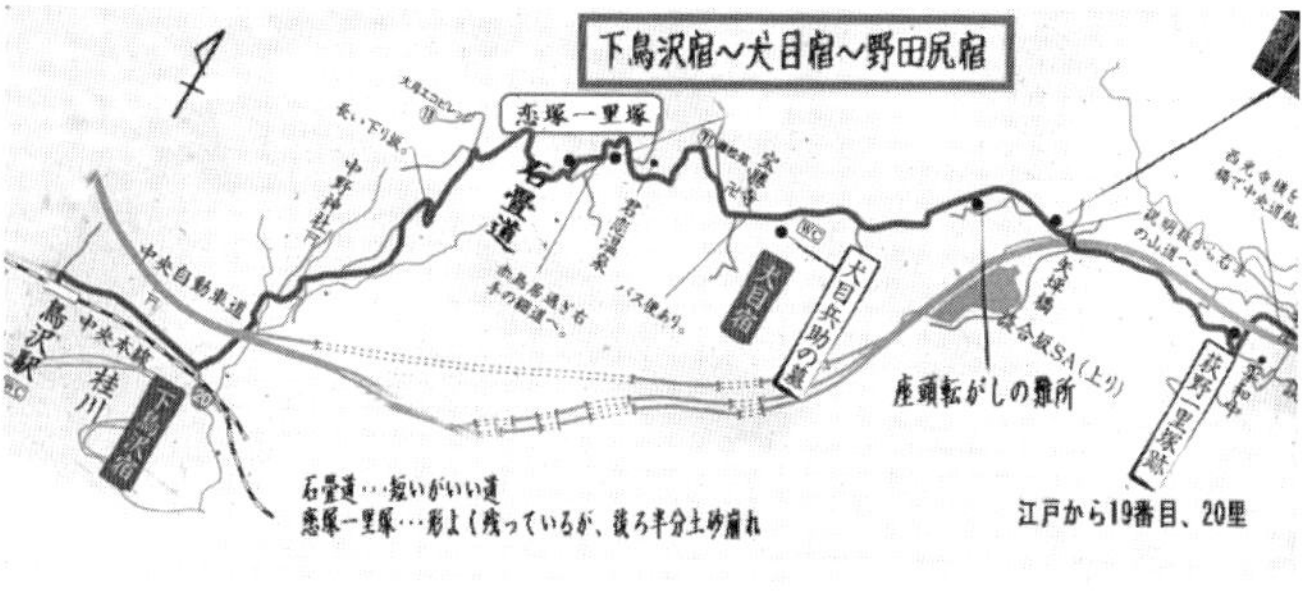

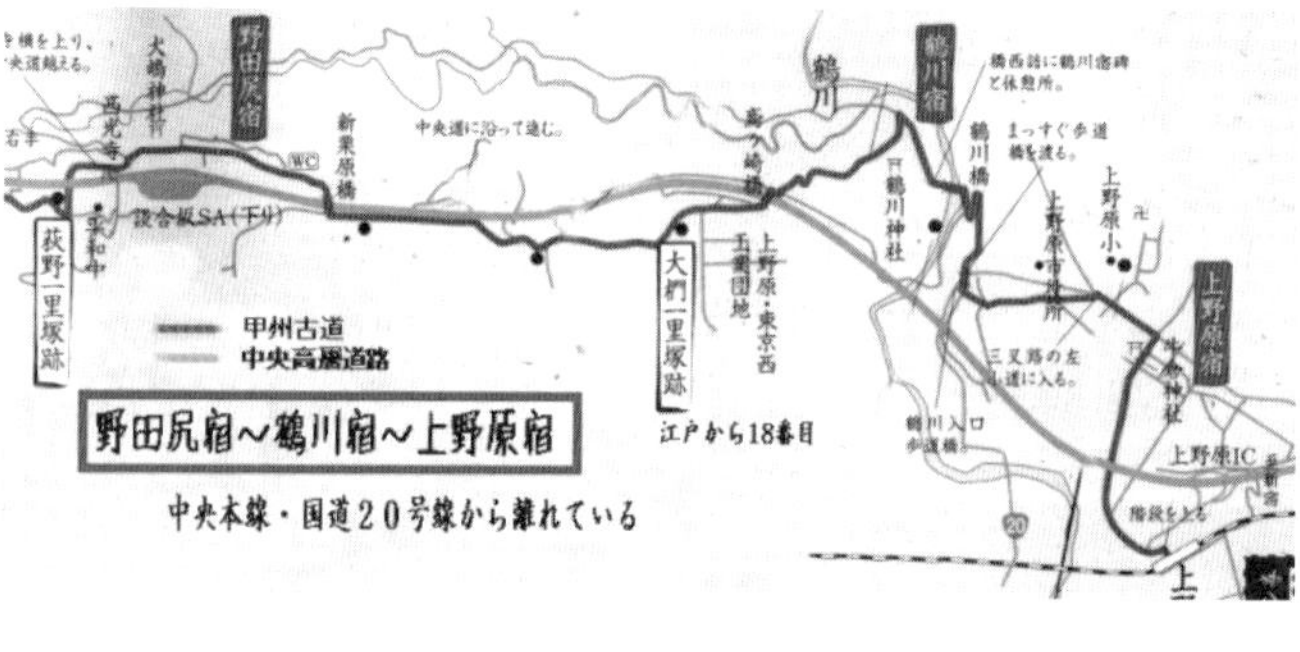

と走りに専念しなければならず、すばらしいものを見てもなかなか感動がわかない。ということで、駅を出て下鳥沢宿を少し歩き、国道から離れ、中央高速道路の下をくぐって、舗装の道を君恋温泉に向かって登っていった。今回は宗谷岬襟裳岬往復1000キロを主催する御園生さん、ヨーロッパ縦断走の菅原強さんというジャーニーランの先達とご一緒させてもらう。

道辺には、南アルプスの広河原でみた、かわいらしいクサボタンのカールをみつけた。ツリフネソウは荒船山で黄色いのをたくさんみた。この辺りにはかわいい花がたくさんある。しばらく登ると恋塚一里塚が見える。日本橋から20番目の一里塚だ。立派な形で残っていたが、豪雨で塚の後ろ側が崩れ、コンクリートで修復されていた。

恋塚一里塚の手前には石畳道が残っている。東海道・箱根の石畳や、熊野古道に比べるべくもないが、昔は甲州街道にも石畳道が続いていたのだろう。恋塚一里塚のあとは君恋温泉。なかなかいい名前なのだ。お庭の彼岸花を見ながら犬目宿（日本橋から21番目）にむかう。

天保7年（1836年）大飢饉の甲州一揆指導者は、この宿の犬目兵助だった。この飢饉に端を発したのが幕臣大塩平八郎の乱

恋塚一里塚　御園生さんと菅原強さん

犬目宿　石畳みち

（1837年）だった。幕府は崩壊寸前。犬目兵助は明治の直前まで生き延びたという。宿場の外れ犬目峠からの富士の眺めはすばらしい。葛飾北斎はここからの眺めを描いている。残念ながらその日は曇りで、影も見えなかった。代わりに野菜直売所のおばちゃんの笑顔があった。その脇にゲンノショウコの紫色の花が咲いている。ハクサンフウロと言ってもおかしくない。図鑑をみると同じ仲間なのだそうだ。

火の見櫓から上の道を行くと「座頭転がし」という難所がある。高い崖の上を通る道で、滑ると危ういが、手すりもある。右手下の方に高速道路の談合坂ＳＡが見える。

ツリフネソウ

上り線のＳＡで、私もしばしば利用しているが、こんな位置関係だとは知らなかった。高速道路の上を越え、荻野一里塚（19番目）につく。跡だけで塚はない。近くに富士講の碑があった。

再び高速を越えて下っていくと西光寺から20番目の野田尻宿にでる。

野田尻宿　甲州街道

昔の姿が残るいい感じの宿場だ。茶店でもあればいいが、なにもない。ここから先、高速道路と交差しながら大椚一里塚跡までいく。塚はないが新しい案内板だけが立てられている。この辺りはおもしろくもない道だ。こういうところは無心に走るに限る。

甲州街道は鶴川の渡しに向かってどんどん下り、鶴川宿（19番目）にでる。鶴川橋の近くに大きなケヤキの木がある。甲州街道では珍しい渡し場はこの橋のちょっと下流にあったようだ。橋の上から中央高速のどでかい赤い橋がみえる。大きな宿場である18番目の上野原宿は河岸段丘の上にあるので急坂を登らなければならない。これは結構きつい。

葛飾北斎「犬目宿の富士」

上野原宿は昔の狭い道にバスやトラックが通るので、歩きや走りにはむかない。あきらめて町並み見物。酒まんじゅうの店がいくつかある。

座頭ころがしの難所

上野原で終点にしてもいいが、駅まで遠いので、私たちはその先の関野宿（17番目）を経て、ＪＲ藤野駅に行った。郵便局の脇で国道20号と別れ、塚場の一里塚跡をみる。高速道路を越えると坂の途中に番所跡の石碑。さらに下がって相模と甲斐の国の境川をわたり相模の国の関野宿に入る。といっても火事で焼けた後は何も残っていない。国道は狭くて怖いので、中央線の川側にある杉林の土道をとおり、ＪＲ藤野の駅へでた。

豪華メンバーと楽しいジャーニーラン。こんな仲間と一緒ならいくらでも走れそうだ。

25

鈴鹿越え　筆捨山から　亀山の宿

【東海道、土山宿から関宿、亀山宿へ】（２００９年12月）

暮の27日早朝、京都三条大橋から東京の日本橋を目指して十数人の人が走り出した。日本のジャーニーランの草分けである田中義巳さんが呼びかけた大会だ。20年近く前のことだが彼の呼びかけに応じて京都に駆けつけて東京日本橋をめざした。６日目、東京を目前にした戸塚の権太坂で疲労骨折のためリタイヤした。

その大会の途中清水市で我々とは逆に京都を目指して一人で走っている青年とすれ違った。その夜夕食を共にし、翌日東西に分かれた。彼はその後単独で中国西安からイスタンブールまでシルクロード１万キロを走った。アメリカで９・11事件があった年のことだ。

今回その中山嘉太郎さんを誘って参加した。初日は京都から亀山宿まで75キロ。私の体力ではもうムリなので土山宿から鈴鹿峠越え20キロだけのつまみ喰い参加にした。

私はＪＲ草津駅に10時に到着。早朝に三条大橋を出発したメンバーがちょうど到着したので挨拶をする。私の尊敬する浅井さん、越田さんが「世界の中山を振り切ったよ！」と元気いっぱい。彼らほど永く走っているジャーニーランナーはいないだろう。私とほぼ同い年なのに日本橋まで５２０キロを今でもなんなく完走する。「もう年なんでリタイヤすることを忘れただけだよ！」とすばらしいことを言う。うらやましいかぎりだ。

私は草津駅で皆さんと別れＪＲ草津線の貴生川からバスで土山宿に行き、12時に田村神社の前から走り始める。30キロも先行しているが関宿辺りで追い越されるだろ

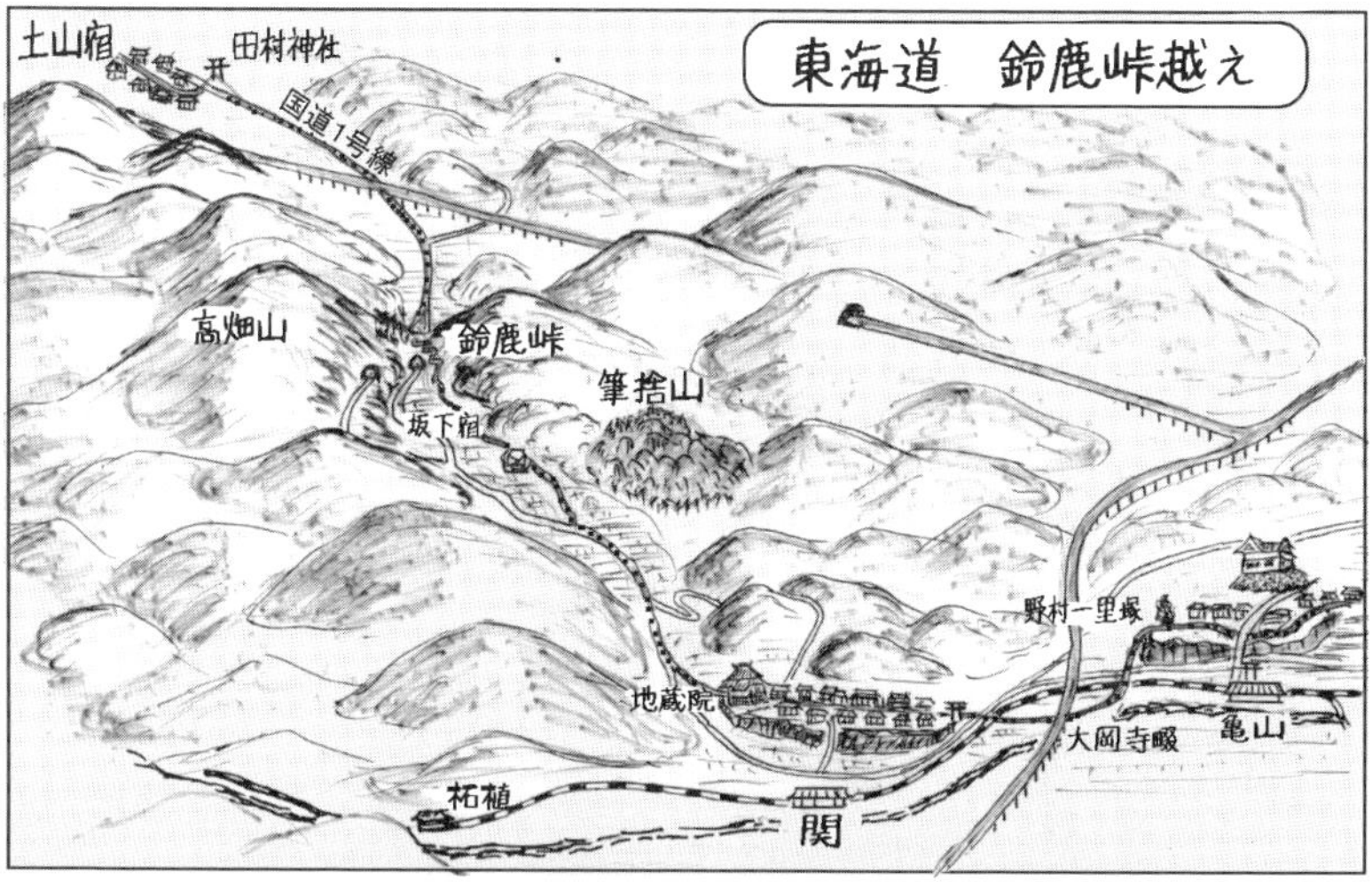

土山宿　田村神社

中山、浅井、田中　東海道本線・草津駅で

う。一人寂しく7キロ先の鈴鹿峠をめざし国道1号線の歩道をゆるゆる走る。1時にトンネルの手前にでる。ここから峠に登るがほんの10分で茶畑の広がる峠にでた。振り返ると1号線の車道がずっと続いている。あまり気にしていなかったがけっこうな坂を上っていたのだ。

　茶畑の中、どこが峠かよくわからないが、森の中を抜けると坂下宿にくだる車道が延々と続くのが見えた。箱根八里と比べられる東海道の難所だったことがよくわかる。峠から坂下宿までは石畳路など旧道をたどることができる。途中に片山神社の石垣が見える。延喜式にある由緒ある神社だが、

鈴鹿峠　国道トンネル　右へ上がる

1999年に社殿が焼失したあとは廃墟になっている。薄暗い中通過するのは少々気味がわるい。驚くことにここでトップの人に追い越されたが、浅井さんたちはだいぶ後らしい。彼らは真っ暗な中、気味悪い路を通らなくてはならない。

鈴鹿峠　石畳

坂下宿は、町並みは残るものの人の気配はまったくない。旧道には東海道五十三次の宿場名が書かれた木柱が立ち並んでおり、その下に不思議な形の鈴鹿馬子唄会館がある。会館からしばらく走ると国道にでる。絵師が絵では表せないと筆を捨てたという筆捨山を横目に、国道の歩道を走って関宿へ下る。3時半。鈴鹿峠からはほぼ8キロ、見物箇所が多かったので2時間半もかかった。

　関の宿場は電線も取り払われすばらしい町並みが2キロに渡って復元されている。おそらく旧東海道で一番の宿場風景だ。地蔵堂の前で皆さんを待つが30分たっても誰も現れない。初めてこの大会に参加した時、この地蔵堂の前で先行ランナーの下島渓さんに追いついた。その日のゴールの四日市に、ほとんど差はなくゴールした。日本一の山岳ランナーの下島さんとトップ争いをしたのだ。結果は冒頭に書いたとおり。ジャーニーランが競走ではないことを知らなかったのだ。

そんなことを思い出しながら、次の亀山宿までうす暗くなった道を行く。関宿の東の追分けで国道をわたり鈴鹿川に沿った旧道を歩く。真っ暗になった旧道はもう走れるような状態ではない。高速道路の下の大岡寺畷の説明図を懐中電灯の光で読み、再び国道とＪＲ線の上を越え、野村の一里塚を通り、京口門から亀山宿に入る。６時半多聞櫓の近くの予定されたホテルに入る。浅井さんたちは夜８時頃続々到着。彼らはまだあと６日間も残っているが、飄々としている。私はもう走れないので翌日から応援に回ることにした。石薬師、熱田、豊川まで行き、東京に戻った。

坂下宿　縦棒に五十三次宿場名がある

復元された東海道関宿

正月３日に東京日本橋で皆を待った。私がテレビで箱根駅伝を見ながら飲んだくれていた間、彼らは毎日走り続けて、日本橋までやって来た。箱根駅伝の選手は一人20数キロ走るだけだが、浅井さんたちはその20倍を走って来た。それもにこにこしながらのゴール。沿道の応援は数十万分の一にもならないが、自分たちは満足しているのだろう。すごい人たちに少し触れた鈴鹿越えだった。

26 温泉が　ないのになんで　湯坂路

【箱根函嶺洞門から浅間山、芦ノ湖へ】（２０１３年６月）

毎年新年は箱根駅伝を見ながら過ごしている。だいぶ昔だが、１月３日に芦ノ湖の帰路のスタート地点に行き、選手の後を追いかけながら東京日本橋まで走ったことがある。速さは比べ物にならないので、東京到着は夜中11時頃だった。駅伝選手がゴールしてから10時間後、選手たちは祝勝会、二次会も終わっている時間だ。私たちは駅伝選手の３倍の時間がかかったが、満足感も３倍ぐらいあった。

久しぶりにまた箱根路を走りたくなった。しかしもう昔のような無茶はできないし、宮ノ下、小涌園などの駅伝コースはふだんは車が多く狭いので怖い。そこでハイキングコースの「湯坂路」を上がり、浅間山、鷹巣山、芦之湯を経由して箱根神社の赤い鳥居から甘酒茶屋に下り、さらに畑宿から旧東海道を箱根湯本へ降りる20キロほどを計画した。湯坂路の前半は箱根駅伝の山のぼりのきつさを味わい、下りは駅伝第６区の選手のように疾走する気分だった。

今回は新宿駅７時30分発のロマンスカーを奮発した。９時過ぎに箱根湯本駅に着く。平日なので登山姿の中高年グループが何組かいる。後ろにつくとめんどうなので、着替えもせずに函嶺洞門に向かう。湯坂路はこのトンネルの手前から入る。少し上がったところでいつものランニングスタイルになる。途中水場も自販機もないのでペットボトル５００ミリリットルを２本持ってきた。最初は「つづら折り」の登り道だ。箱根駅伝のコースは眼下だが見えない。あちらもヘヤピンカーブが続いているはずだ。山道には50メートルお

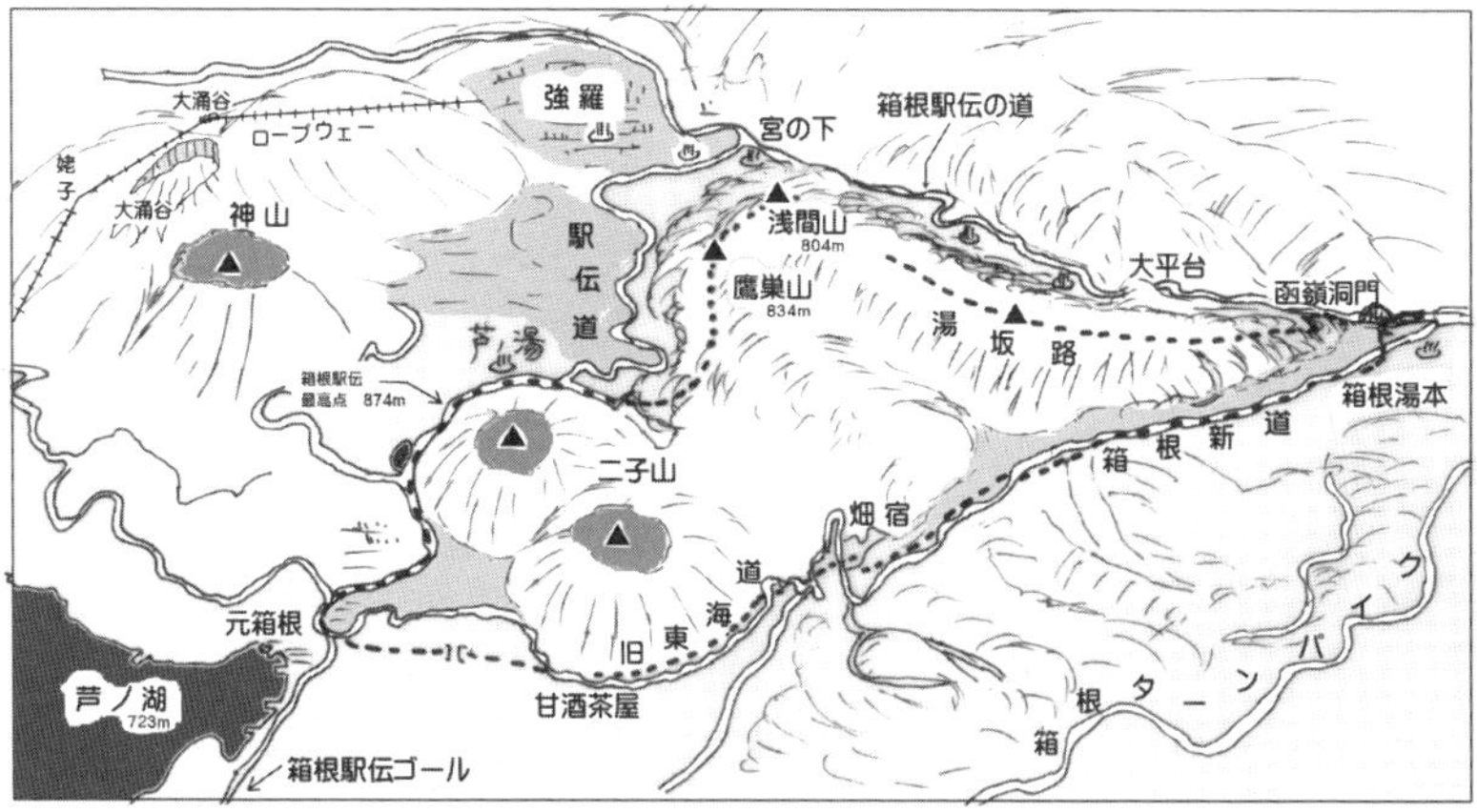

きに番号がふられている。50番目ぐらいから緩やかな道になり、やっと走りたくなる。この辺りは桜の大木がたくさんあり、お花見には最高。秋の紅葉がすばらしいことだろう。

1時間ほどの登りはゼイゼイ言いながらの登山だったが、後は快適な走りができる。92番目だったかが浅間山（804m）の頂上で、やっと眺望がひらける。ここからは箱根の山々が見渡せる。その時にはまさか箱根山が噴火するとは考えていなかった。しかし2015年大涌谷の噴火警戒レベルが3に上がり避難する地域も出てきた。14年は御嶽山の噴火で多くの犠牲者が出、15年には口永良部島でも全島避難。さらに小笠原の西之島ではトンデモナイ噴火が続いている。火山は死んだふりをしていてもいつ噴火するかも分からない。そんな国に住んでいるのだから、いつでもまた来れると思ってはいけないのかもしれない。

箱根湯本：旭橋

函嶺洞門の手前：湯坂路登り口

すばらしい景色も一期一会。どのジャーニーランも大事にしたいものだと、今回噴火の部分を追加した。

　浅間山でゆっくりと箱根の景色をながめていると、千条《ちすじ》の滝から上ってきたハイカーがおおぜいお弁当を食べ始めた。ここは休

湯坂路　緩やかな道

憩所に最適の場所らしい。11時半、お水を少し飲んで次の鷹巣山（８３４ｍ）をめざす。浅間山と鷹巣山はほぼ同じ高さだが、いったん下るので登り返すのはきつい。鷹巣山にはお城があったそうだ。

　ここから芦之湯に下る。芦之湯

浅間山　山頂

で国道1号線にでて芦ノ湖に下る。箱根駅伝の山のぼりでは最後の区間で登ってきたあとに急な下りになるので走り方は難しいとテレビでは解説者がいつもいう。たしかに私の様な走りでも上りと下りはギヤの切り替えが難しい。で

も膝が痛まないようにゆるゆるすり足で行けば、下りは速く、快適だ。芦ノ湖からは今日も富士山が見えた。もし噴火が続くとこの景色も見られなくなる。しっかり目に刻んでおくのだった。その時には、「おお今日も見えているな！」程度だった。走っているとじっく

元箱根　芦ノ湖の上に富士山

り景色を見ることは少ない。しかし3・11の大震災以降私のランニングは「もう見ることはできないかも、しっかり見ておこう」という方向に変わっている。

箱根神社の赤い鳥居の近くでお昼。いつものようにコンビニおにぎり。出発は1時。これから先は

箱根石畳道　畑宿

「箱根八里」の項で述べたので省略する。今回も甘酒茶屋でゆっくり休んだが、その後は早雲寺近くの共同浴場の弥坂湯に入れてもらって汗を流し、3時半の箱根湯本駅からのロマンスカーでビールというところが違っていた。

共同浴場　木曜日定休

27

埋蔵金　どこにあるのか　三国街道

【猿ヶ京から永井宿をへて三国峠】（２００６年１０月）

「国境の長いトンネルを抜けると雪国であった」。国境は「くにざかい」と読むのが正しいそうだ。しかし上越国境なので「こっきょう」の方が響きがいい。「声に出して読みたい日本語」の初版にも「こっきょう」とルビが振ってある。国境は上野と越後の境で、ＪＲの清水トンネルを抜けた温泉地が湯沢である。

　昔、関東から越後に行くには碓氷峠から長野経由か、郡山から会津まわりのルートしかなかった。大きな障壁だった谷川岳の下を貫くトンネルによって関東と越後は直接結ばれた。「雪国」は１９３１年に開通した清水トンネルブームにあわせたご当地小説だった。

　今は高速道路、新幹線で簡単に行き来できるが、地上の道は今でも清水峠は中断しているので三国峠を通る国道17号しか存在しない。

　今回のコースは、猿ヶ京温泉から永井宿を通り、旧三国街道７キロを登り、三国峠から、浅貝宿にくだる全長14キロほどの山道コー

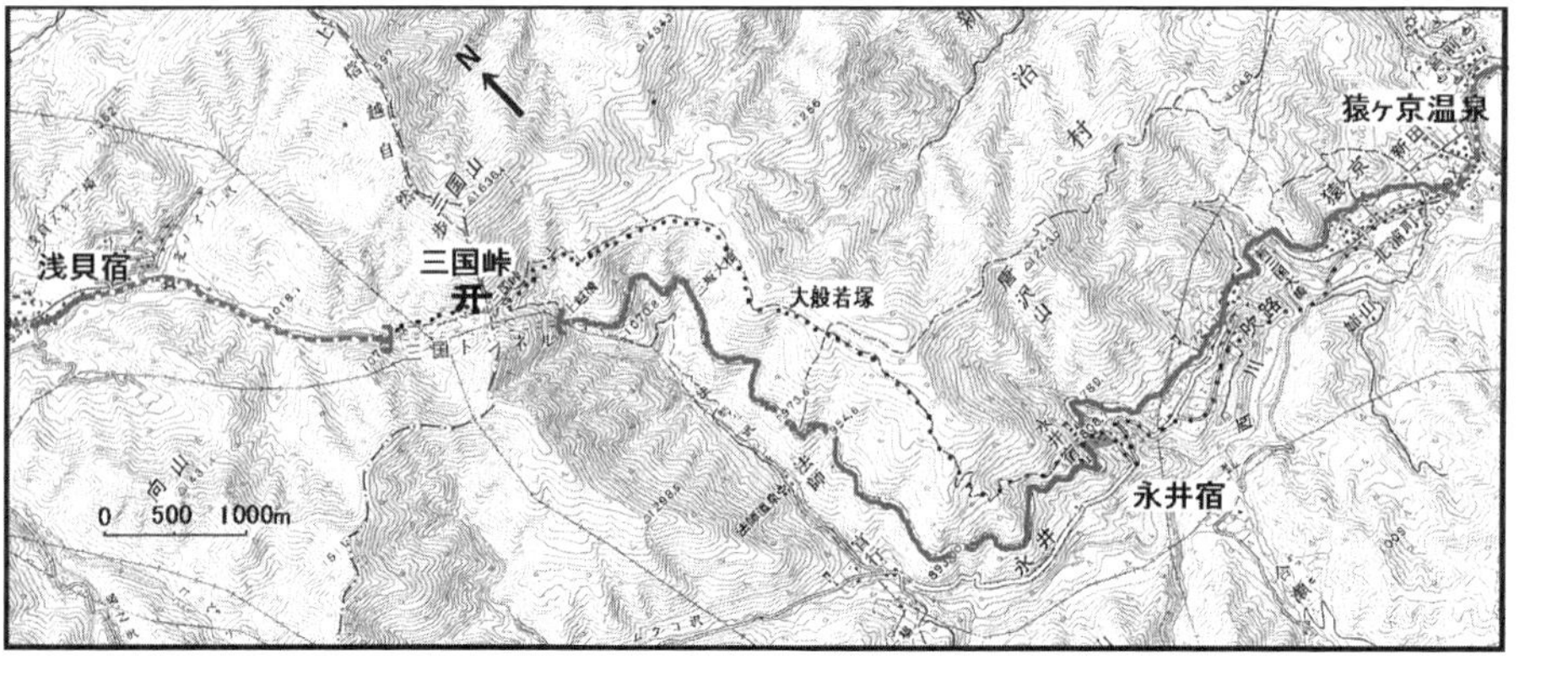

スである。両宿場間には人家はまったくないが、歴史遺産、休憩所はある。さらに、別名佐渡金山街道なので、どこかに埋蔵金が埋まっているのではないかとキョロキョロ見渡す楽しみもある。

ＪＲ後閑駅か新幹線上毛高原からバスで35分（８６０円）で、猿ヶ京の関所跡へ。ここから野仏に導かれながら40分ほどで永井宿に着く。さらに法師温泉から上信越自然歩道への道があるが、我々は永井宿から国道に上がり、旧三国街道に向かう。国道脇に大きな案内板があるから、間違えることはないだろう。入口の高度は８３０ｍ。三国峠は１３００ｍだから、走るにはちょっと辛い登り道が続く。目の下からは、木の間越に国道を走る車がチラチラ見える。10月の紅葉時期の休日だったが、ほとんど人は歩いていない。しかし道には栗のイガが沢山ちらかっている。途中何回もサルを見た。きっとサルが上手にむいて食べたものだろう。

標高１２００ｍを越えると道は等高線に平行、すなわち高低差がほとんどなくなり、ジョギングには最高の環境になる。途中法師温

三国峠の遠望、この凹部が峠。峠下に国道がある

道標はしっかりしている

栗のイガ・人気はないのでサルのしわざ

泉から登ってくる道と合流する。ここが大般若塚、登り口から3キロで、ほぼ1時間である。三国峠付近では徳川方の会津藩と官軍との間の戊辰戦争があった。会津藩は敗北し退却をした。官軍方にも3名の死者が出た。亡くなった地元百姓は後は苗字が与えられ士分となった。いつの世も犠牲になるのは徴用された下々の者たちだ。

すばらしい森の道

　三坂茶屋を１８６３年に長岡藩奥方一行が通った記録がある。お女中50人、雇方３００人、馬と馬方89人という大所帯だった。３月のまだ雪のある時期にお女中も越えていったのだ。雪崩で亡くなった人々の墓もある。大般若塚もこの墓所も妖怪が出るとの噂がある場所で、暗くなったら恐ろしくて通れないだろう。私は、この恐ろしげな場所こそ徳川埋蔵金の隠し場所だと目をつけているのだが、たたりが恐ろしく実行にはいたっていない。

　三坂を越えた辺りから、対面にこれから行く三国峠が見えてくる。ほとんど水平のいい道で走りやすいのだが、峠に近づくにつれて足元が切れ落ちてくる。気をつけないと滑り落ちるので注意が必要だ。

峠に突き上げるという感じではなく、ぐるりと回るといつの間にか峠に出たという感じだ。ここには三国権現の社がある。三国峠というから三国にまたがる峠だろうと思う。しかし地図を見ても三国はない。上州と越後の二国を区切る峠である。「なぜ三国と言うか?」峠越えの専門家賀曽利隆さんに聞くと「三国権現があるからですよ!」と即答する。後で秘かに調べて見ると弥彦、赤城、諏訪の三社の権現さんを祀ったからと書いてある。さすが賀曽利〝大明神〟だ。

大般若塚、永井宿から１時間

三国峠から越後側への下りは20分ほどでトンネル入り口にでる。国道を下れば浅貝宿はすぐだ。ここは苗場スキー場の基地で昔は賑わっていたが、いまはちょっと下火。シーズン以外は寂しい宿場だ。ここから新幹線越後湯沢駅までバスで50分。私はもう一度峠まで登り返し、同じ道を駆け下り、猿ヶ京からバスに乗って在来線の沼田駅にもどった。登りは3時間、下りは2時間だった。

三国峠。本当は越後と上州の境界

28 ハセツネの　道をたどって　金比羅尾根

【ハセツネ杯、大岳山から金比羅尾根を下る】（2013年6月）

いつもひとりで寂しく走っている様子をみて、「友だちがいないんだ」と同情してくれた若者たちが今回は一緒してくれた。「人と競うのはきらいだ」とか「走力が違うから」とかいろいろ理由をつけているが、彼女らの見るとおり、私だって本当はだれかと一緒に走りたいのだが、古い仲間はみな誘いに乗ってくれないだけだ。

皆は高校の同窓だが在校時は話をしたことはない。フェイスブックとやらでつながっているらしい。最近マラソンにはまっており、「次はハセツネだ！」と気勢を上げている。でも山走りの経験はなく、経験豊富（？）な私に教えを乞いにやってきた。

そう、私は第二回の山岳耐久レースから10回連続で出場し、50歳代では入賞をしているのだ。と威張ってみた。しかし「ハセツネ」という名前に変わり、スピードレースについて行けなくなり、耐久力のみの私は遠ざかっていた。ハセツネは今若者に大人気のトレランでインターネット申込みは開始数分で定員になってしまうという。

若者たちの誘いで、久しぶりにハセツネコースを走ってみる気になった。ハセツネというのは若くして亡くなった超一流の登山家・長谷川恒男さんの名前を縮めたものだ。彼のトレーニングコースを走ってみようと始まったのが山岳耐久レースだった。長谷川さんが現役のころ、今回同行の仲間はNHKの番組で長谷川さんにインタビューしている。山岳部顧問だった私はおまけでくっついて行った覚えがある。

ハセツネ杯のコース

ホリデー快速で青梅線「御嶽」駅へ。電車の中でそれぞれ何号車に乗ったとスマホで報告しているが、移動する様子はない。御嶽駅で「久しぶり、初めまして」などのあいさつ。事前にフェイスブックで情報は共有しているのですぐに打ち解ける。私らのように、いろいろ探りを入れながら徐々に友達になるのとは大きく違い、会った時には前からの友達のようだ。

駅前から多摩川の渓谷に降り、川辺を歩きながらウォーミングアップ。カヌーの練習やスポーツ木登りを横目に多摩川の川べりを歩く。若者たちのアウトドアの楽しみは多種多様で、ウェアや用具の進歩もすごい。おじさんのウェアは相変らずだが、若者

多摩川を渡る。ウォーミングアップ

金比羅尾根を走る

金比羅尾根をくだる

たちはNYマラソン仕様のスタイル。足も長く伸び、ガニマタオジサンはつい見とれてしまう。

ハセツネのコースは武蔵五日市から今熊山、浅間峠、三頭山、御前山、大岳山から御岳山を越えて金比羅尾根を下って五日市に降りる72キロの登山道である。これを24時間以内に走る。登山者に配慮して午後のスタートだから、ほぼ全コース暗闇の中を走ることになる。ランナーには過酷だが、もと山岳部だった私は耐久力だけで行けるので案外楽しいコースだった。雨でも降って走路が川になればリタイヤ続出。私が上位完走したのはいずれも雨の年だった。

今回、全コース走はとても無理なので、最終チェックポイントからゴールまでの一番楽で短い第4

ステージを走ってみることにした。

当然ケーブルは使わず歩いて御岳山にいくと思ったが、「文明の利器は利用しなければ！」という合理的な若者の言葉でラクラク登山に変更。山上の御嶽神社にお参りし、いよいよ山道にはいる。御嶽神社から日の出山、金比羅尾根経由で五日市中学までのコースは12キロでほとんど下り。レース時はいつも真っ暗な中、薄暗い懐中電灯の光を頼りに走っていた。眠いのと木の根っこが危なくてふらふらした思い出しかない。下りだと言ったのに日の出山へ、かなり上るので皆のヒンシュクをかう。日曜日とあって日の出山の上には大勢のハイカーというかトレイルランナーの集団。みんなウェアが決まっており、登山者らしき人はオジサンオバサンだけ。

日の出山へ。ここでもフェイスブック。
GPS で位置も確認できる

「最近の山はおじさんおばさんばかりだよ！」と言われるが、トレランの若者は多くなっている。「山は若者に人気がない！」というのはもう過去の話だ。

日の出山からは先頭に立って、すばらしい道を楽しみながら1時間半で武蔵五日市駅に下る。山からおりて道がはっきりすると彼女たちは猛烈ダッシュ。とてもついていけない。私のペースに合わせてゆっくり走ったので燃焼不良だったようだ。でも最初ゆっくり行ったから後半ダッシュができるんだよ！との教訓を理解できたろうか？

（写真撮影・南英治）

斉藤政喜『213万歩の旅』第16章、1992年、小学館

「野山を駆けるってのは、人間が野生に近づく手段だと思うんだ」地球レベルで冒険を繰り広げる「地平線会議」の代表的メンバー三輪主彦さんは、ぼくにそう語った。彼は休日ごとにコマ切れで東海自然歩道を走り、延べ31日間で全走破をするという快挙を成し遂げた人物だ。68日かかって全行程の7割しか歩いていないぼくは彼の含蓄のありげな言葉と自信に満ちた表情に感化されてしまった。一度東海自然歩道を走ってみようと思い立ったのである。

そして冬が去り、雪の心配がなくなった3月下旬、三重県青山高原のコースを走破する計画を立てた。いつものように重いザックを背負っていてはとても走ることはできない。1日に25キロ以上走れば3日間で県境を越えて奈良県まで行くことができる。それだけ走れば僕も野生動物の仲間入りができるはず…だと思う。

＊　＊　＊

斉藤さんはその後、不動の滝で金縛りにあったり、野ウサギと同じ速さで駆け抜けたり、フキノトウを摘んだり、すっかり野生動物になって県境の亀山峠に立った。（三輪）

＊　＊　＊

「そこはススキが一面に茂った草原だった。厚い雲の隙間から出た夕陽に照らされた高原は金色に輝いていた。暗黒の世界から楽園に抜け出した気分だ。それまでとは別世界の雄大な風景が広がっていた。花粉症でもないのにぼくの目から涙がこぼれ落ちた。とうとう奈良県までぼくは足を踏み入れたのである」

第6章

自然を感じるジャーニーラン

29

森の奥　さるの親子　明神の池
【ロブソン山から上高地徳沢園へ】（２０１３年７月）

今から30年前、ロスアンゼルスオリンピックが行われている最中私たち家族はカナダのロブソン山のふもとでテント泊の旅をしていた。ロブソン山は３９５４ｍで氷河をまとっており、とても素人が登れるものではない。カナダの国立公園は「登山家」と「ハイカー」は区別がつけられており、ハイカーが登山をすることはない。日本では「高尾山の次は穂高岳へ」もありだがカナダの国立公園内ではそれは考えられない。

子どもたちと氷河の水が流れる川を渡ろうとした時、上流からランニングパンツのおじさんたちが駆け下ってジャブジャブと流れを渡った。こんな山岳地帯でランニングなんて、と驚いたが、おじさんたちは「52歳の誕生日を記念して52キロ走っているんだ！」と言う。子どもたちは「じゃ来年は53キロなの？」

今でこそ日本でも多くの男女ランナーが山を走っているが、１９８４年のロス五輪までは女子マラソンの競技はなかった。優勝したベノイトに遅れ、熱中症でフラフラになったアンデルセン選手の姿は忘れられない。瀬古・宗兄弟の活躍でマラソンブームが訪れたが日本ではまだ山の中を自由気ままに走る姿はなかった。大いに影響を受けた私は日本に帰ったら森の中で「誕生年記念」ランをしようと考えた。森を山の中を50キロほど快適に走る場所を探して旅をしているうちに、私の中にジャーニーラン（走り旅）構想が湧いてきた。

今回孫たちと一緒に上高地に来た。親は子どもたちを自然の中で

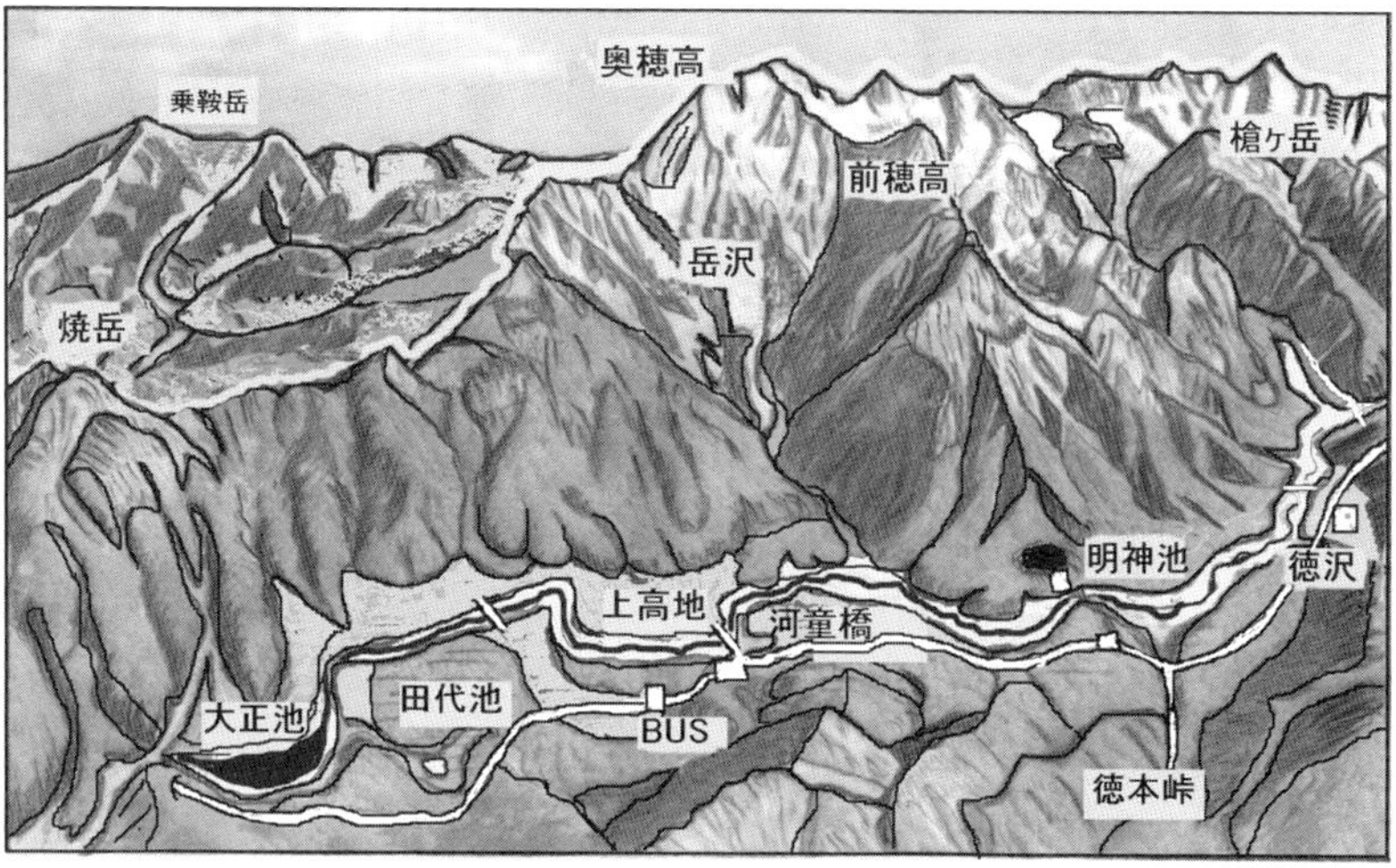

ポスターを模写。本物はすばらしい地図です

鍛えようと考えているようだ。昼食後に小梨平を散策していると上からランナーが走って来た。「オオーッ！　ここも走れるんだ！」河童橋の近くの宿に戻り、ランニングスタイルになる。奥さんに「年寄りがこんな時に走ってて怪我でもしたらどうするの！」と言われたが、ロブソンの時を思い出したらもう止まらなかった。

　夏の日は6時過ぎまでは明るい。河童橋から徳沢園までは往復15キロほど。明るいうちに戻れるだろうがライト、地図は一応用意する。携帯電話は通じないが、明神、徳沢園には公衆電話もあるし、日大の医務室もある。山では早朝から行動が原則、こんな時間に出発するのは少し心配だったが、こ

1984年、カナダ・ロブソン山

河童橋からスタート

こ数日は晴を伝えている。ちょっと冒険者のような気分で走りだした。

　行きは梓川の右岸（下流に向かって右側）を行く。目の前には前穂高岳につづく岳沢の雪渓が伸びている。昔はあの沢を登ったなあ！と思い、水音を聞きながらゆっくり走る。大きな木はハルニレでご神木になりそうだ。

さるの親子だけど

　突然目の前に猿の群れが！「この時間はおれたちの時間だ！」と言っているような感じ。道の真ん中で堂々とクマザサの芽を食べている。こちらは「ちょっと失礼」と横をよけて通らせてもらう。木道を抜けると梓川の土手に出て、明神池の脇の穂高神社に寄る。神社の前に上高地の名ガイド嘉門次の小屋がある。

古池　湧き水が出ている

　明神橋を渡って、今度は左岸をとおって徳沢園へ向かう。すぐに徳本峠への道と合流。徳本と書いて「とくごう」と読む。昔上高地に入るにはこの峠道しかなかった。今は通る人もほとんどいないが、この峠からの穂高の姿は絶品で、多くの写真家が訪れている。一度は越えたい峠の一つだ。

河原にそってしばらく走ると徳沢園である。嘉門次の頃は牧場があったという広い場所だ。徳沢園は井上靖の小説「氷壁」の舞台の宿。河童橋から徳沢園まで8キロ。1時間半で登った。ここで牛乳たっぷりのソフトクリームを食べて、引き返す。下りは明神までは同じルート、そこからは梓川左岸を小梨平経由で戻ったので、距離は7キロほど。緩い下りなので1時間ちょっとで戻ることができた。明神で5時半、森の中はかなり暗くなっており、人通りはない。こんな所でねん挫でもしたら一大事。慎重に気を引き締めて下った。いくらリゾート地といっても大自然の中。どんなことが起こるかは分からない。

なかなか戻らないので心配した奥さんに怒られた。「孫たちのために下見をしたんだ」との言いわけはちょっと苦しかった。翌日は早朝に出て孫たちを昨日のコースに案内し、ソフトクリームをごちそうした。

新村橋：氷壁への入り口

ちょっとおしゃれな徳沢園

徳沢園のソフトクリーム

30 天上に　白い砂漠の　神津島

【伊豆七島神津島の天上山周遊】（2009年5月）

南の島での気分のよい走りを再び味わいたくて、東京付近の島の情報を収集した。伊豆七島の中で今一番の人気なのは神津島の天上山で、多くのハイキングの方々が訪れているという。天上山は海から572mの高さにあるので、山の上までは「登山」だが、頂上にあがると砂漠が広がっており、ジョギングぐらいはできそうだ。もし走り足りなければ山から下る宮塚山線という長い林道もある。写真で見ると砂漠は真っ白い砂の原だ。これは面白そうだと、昔伊豆大島に勤務したことのある桜井さん、昔登山家で今は腰痛持ちの関根さんの3人組で竹芝桟橋から、「海外走り旅」に出ることにした。

調布からのヒコーキもあるが、竹芝桟橋から東海汽船に乗っていく方が旅情をかきたてる。夜11時発の大型船のさるびあ丸は、70年代に大島に通った椿丸などとは違い、豪華船の感じだ。船底の2等船室でもほとんど揺れは感じなくてゆっくり寝ることができた。アメリカまでヒコーキで行くのと同じ時間をかけ、10時に神津島の港に着く。港には民宿の車がずらりと並び、登山姿の人々が乗り込むとすぐに走り去る。この日の船客200人、ほぼ全員が黒島登山口に移動した。小さなトイレは満員、細い登山道はじゅず繋ぎで、追い越すことも追い越されることもできない。民宿の車に荷物を預けて、着替え雨具、弁当、ライトなどを入れた小さなザックで登りだす。大混雑で走ることはムリ、ちょうどよいウォーミングアップになる。

ほぼ1時間で景色のよいジグザ

グ道は終わり、山頂部のカルデラ壁の上に出る。カルデラの中は砂漠だろうと想像していたら亜熱帯の樹林帯になり、千代池が見えてくる。池のほとりに下ると皆さんここでお弁当。一気に皆を追い越すと前にはほとんど誰もいなくなった。ハイカーに邪魔にならないように、小さなピークをゆっくり

船客はハイキングの人たちばかり

乗り越えて、裏砂漠にでる。真っ白な砂原だが、砂漠の砂のような細かい粒ではなく、角ばった石英の砂だ。半パンツだと転んだときに擦過傷ができるので、暑くてもタイツ、手袋があったほうがいい。

　砂漠の中にモコモコとツツジの盛り花（？）がある。ツツジが根付いている場所だけ、砂が固定されて、風で飛ばされないので、１ｍほどのマウンドになっている。広い砂漠の中にポコポコともり上がっている風景は日本では見たことがない。ここを一気に走ってしまうのはもったいない。ランニングといっても景色を眺めたり写真を撮っていると、どんどんハイカーに抜かれる。

　裏砂漠の展望地からは絶壁の下に長根とよばれる細長い島が見え、遠くに御蔵島が見える。裏砂漠から表砂漠を通って不動池へ。カルデラ内には小さな池がいくつもある。不動池から展望地へ上ると眼下には寄生火山の櫛ケ峰の火口を上から見ることができ、真っ白な火山灰を噴出した様子がよく

千代池　爆裂火口の１つ

オオシマツツジの盛り上がり

わかる。こちらの展望地からは新島、式根島、利島が見える。渋谷の駅前にあるモヤイ像は新島の抗火石（コーガ石）であるが、神津島も同じ石でできている。

伊豆七島の地図を見ると、大島から南に逆Ｖ字型に二列の島列がある。三宅島から八丈島に続く列と新島、神津島に続く列である。大島、三宅島列は真っ黒い玄武岩質の熔岩を噴出するが、新島、神津島は流紋岩質の白っぽい熔岩を噴出しており、伊豆諸島と総称しても、地下のマグマの状態は別になっているようだ。

最高地点（５７２ｍ）といっても、カルデラ底から5分もあれば頂上に出ることができる。頂上直下は「こんな山崩れがあるのか！」と驚きあきれるような崖が一気に下っている。その縁をとおり、白島登山口に下っていく。途中6合目あたりにトイレがあり、そこまで林道が上ってきている。最初は林道を駆け下りようと考えていたが、山頂での上り下りで、すっかりくたびれて、そのまま樹木の間を抜ける山道を駆け下りた。

温泉　混浴水着着用

民宿に戻り、手ぬぐいと着替えをもって、3キロほど離れた温泉保養センターまで走った。本日の足もとを気にしながら走る山道と違って、車も来ない景色のよい舗装道路を走るのはスピードも出て、なおラクチンだが、一歩一歩に神経を使いながら山道を行く充実感には遠く及ばない。露天温泉は水着着用で混浴。ハイカーのおばちゃんたちに占領されていた。

　翌日は島の北にある赤崎の遊歩道までバスで行き、帰りの10キロを走ってもどった。これはちょっと失敗。南の空港周辺から灯台付近、秩父山あたりの山道を走るべきだった。これがちょっと心残り。

多幸浜の港から天上山斜面を見る。大崩壊

　午後2時半発の超高速ジェット船で竹芝にもどる。行きは11時間かかったが帰りは3時間10分。これならヒコーキよりも便利だ。多幸浜港の前に見える大崩壊は天上山の地質がもろい証拠だ。このままでは何千年後には山も島もなくなっているかもしれない。

　黒島登山口11時00分—10合目11時40分—黒島山（524m）12時40分—裏砂漠1時20分—不動池2時00分—天上山（572m）2時50分—白島登山口3時50分

頂上が陥没したカルデラということがわかる

距離はせいぜい5キロぐらい。

　運動靴の軽装ハイクだった。今回は天気が良かったが、霧に巻かれたりすると道を見失うので、くれぐれも天候には注意。

31

大文字　京都トレイル　清水山

【銀閣寺から大文字山、清水山へ】（２０１１年９月）

毎年９月、我が奥さまの仕舞の発表会のお伴で京都に来る。古典芸能に無案内な私はとても一日観劇する忍耐力はないので、昼には抜け出して、京都の東側に連なる東山連峰に走りに行ってしまう。昔は京都の鬼門にある比叡山まで駆けのぼったこともあるが、近年は銀閣寺から大文字山にあがり、日向大神宮から蹴上におりて、三条通りを少し下り、粟田神社で旧東海道をみて、将軍塚にのぼり、清水山の緩やかなふかふか道を走って、国道一号線をくぐって、今熊野から伏見稲荷というコースがお気に入りだ。このコースは京都一周トレイルの一部で、地図も案内板も整備されている。なんといっても京都の街を見下ろす眺めがすばらしくいいコースだ。

ビルが立ち並び車の行きかう市街からほんのちょっとでこんなに深い森があるなんてすばらしい。京都人の気質の形成には歴史的な遺産もあろうが、この身近な自然がおおいに影響しているようだ。山も森も遠い東京人と気質が異なるのはこんなところに一因がある

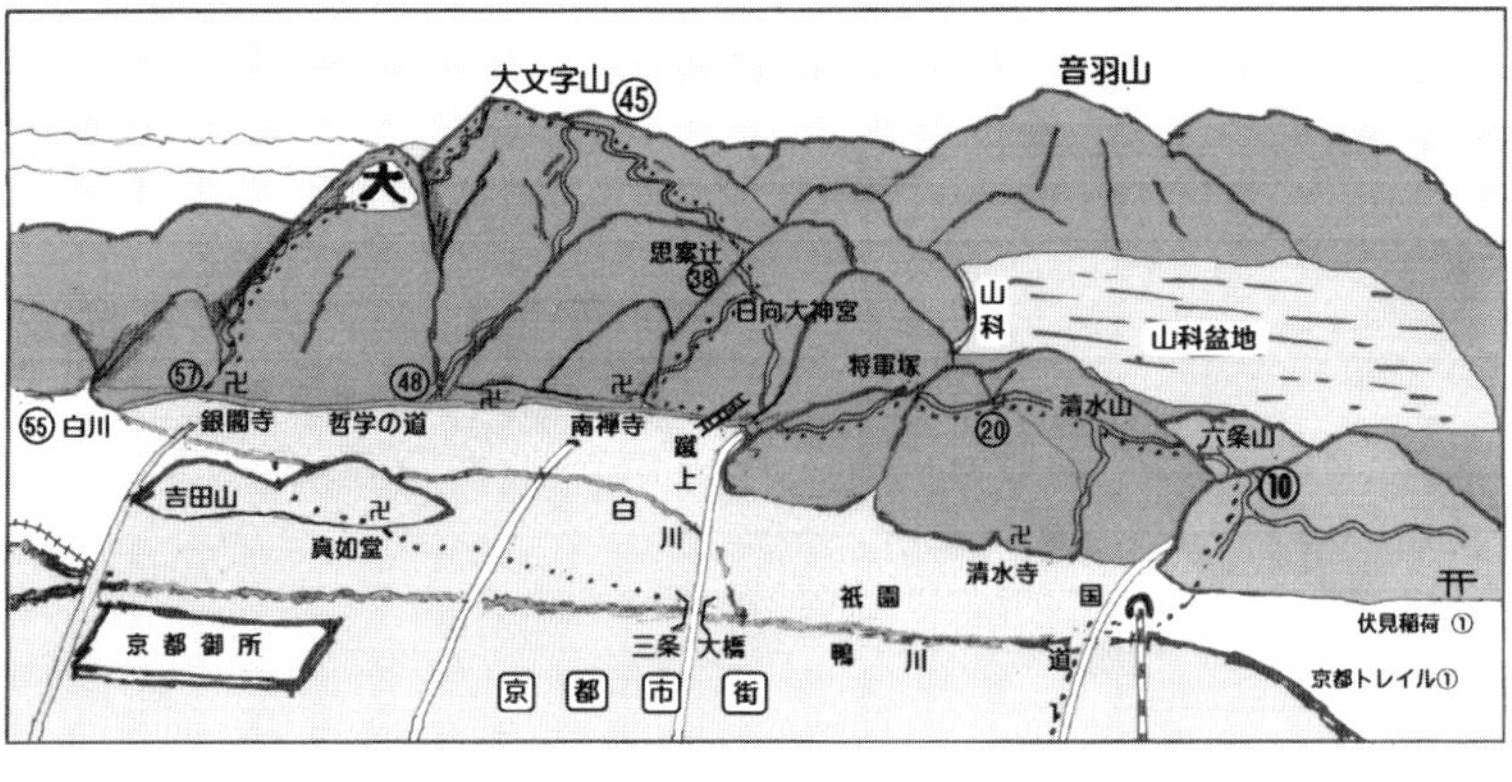

三条大橋　弥次喜多像

と思えた。
　昼ごろ三条大橋の弥次喜多の像から平安神宮、真如堂から吉田山を越えて1時半に銀閣寺の前に来た。私と同じようなランニング姿の人が何人もいる。話しかけてみると走友の関西でランニングクラブを主宰する坂本さんの仲間の人たちで、比叡山の方から走ってこられたとのこと。しばらく一緒させてもらうことにした。銀閣寺脇のすぐそばに水場があり補給する。杉の木立を30分上ると大文字の送り火の火床につく。下の方からよく見えた場所だ。みなさんこでお昼だが、私は景色をおかずにおにぎり1個とさっき汲んだお水だけのいつもながらのさびしい食事。
　大文字山（465m）の頂上は火床から20分ほどの急な登りだっ

仲間に入れてもらった

大文字の文字　遠くから見える

大文字の火床から市街をみる

た。頂上からも京都市街は見えるが、火床からの方がはるかに眺めは良い。頂上から少し下った四辻で京都一周トレイルと合流。ここから整備された案内板にしたがって走る。眺めはあまりないが、今日は話し相手がいるので気分はよく、遅れずについて行くことができる。ここの案内板に「思案処」とある。道がいくつにも分かれている。すでに3時、みなさんは山科に下るので、お礼を言って別れる。

　思案処は日向大神宮に向かうが、私は「思案」してここから南禅寺水路閣に下る。南禅寺には琵琶湖疏水が流れ込んでおり、そこに水路閣がある。こんな方向から来たのは初めてなので新鮮な景色だ。疏水沿いを歩き、発電所やインクラインをみて蹴上から三条通りに出る。

　土の道からコンクリートの三条通りを少し下り、粟田神社の参道に入る。3時半。参道の奥にある道が旧東海道。三条大橋のたもとの弥次喜多はここを下って橋に行ったのかな？　「いや彼らは伊勢から来たので、ここは通っていない」などいろいろ思案する。

南禅寺境内の水路閣　上を琵琶湖疏水が流れている

　粟田神社を登っていくといい土の道になり、30分で将軍塚にでる。桓武天皇はこの場所から京都盆地を見下ろし平安建都に着手したそうだ。ここから15分ほどで用水池のそばの辻にでる。杉の林の中で展望はない。さらに15分ほどで清水山（２４３ｍ）の山頂に着く。ほとんど平坦でどこが山頂か不明だが三角点はある。間もなく4時半、そろそろ先が気になる。石碑にある六条天皇ってどんな方かまたまた思案しながら下ると国道一号線にでる。下をくぐって再び山道に入り、案内標識に従って行くと滑石街道にでる。この真下を東海道新幹線が走っていると地図には出ている。ここからは市街地に出て、進むと剣神社にでる。ここは子どもの疳の虫を封じてくれることで知られるそうだ。

京都市街　将軍塚展望台から

清水山付近　写真の右側に三角点がある

　ここで5時ちょっとすぎ。トレイルはこの先伏見稲荷まで続いているが、疲れたので、本日はここで終了。汗もかなりかいており電車やバスに乗るのは気がひけるので京都駅前のホテルまで走って戻る。2キロほどだが疲れた体にはけっこう長い。ホテルの前でウェアをはおったので走ってきたとは気づかれない。すぐにお風呂。こんな京都旅行もいいものだ。銀閣寺からはほぼ15キロ、4時間半ほどだった。

32

ジオってなに　天の橋立　津波の碑

【地質100選、天の橋立と与謝の海を一周】（2012年6月）

走ってばかりでよく飽きないね！と言われることも多い。私の場合は、走るのが主ではなく、知らないところを見てまわる「ジャーニーラン」（走り旅）なので、歯を食いしばって走ることはほとんどない。疲れたらトコトコ歩くし、電車に乗ることもいとわない。最近は「ジオ」にはまっているので、それに合わせて走り旅をしている。ジオというのはジオロジー・ジオグラフィー（地質学・地理学）の略で、近年各地にジオパークが作られたり、日本の「ジオ100選」が設定されたりしている。珍しい地形地質は一点ではなく広がりを持つことが多いので、走ってめぐるのには都合がいい。

今回はそのひとつ、日本三景の天橋立の砂州の上を走ることにした。荷物は今日泊まる予定のホテルに預け、一緒にきた奥さまに自転車で伴走をしてもらう。出発地点は北近畿タンゴ鉄道（なかなかいいネーミングだ）の岩滝口駅。天橋立は宮津湾にできた砂州だが、昔は湾口を塞いでおらず、船の出入りは可能だった。現在は廻旋橋があるので砂州をわたって内海のまわりを一周することができる。

1時にスタート。天橋立は宮津市だが、岩滝口付近は与謝野町。与謝蕪村、与謝野鉄幹・晶子らもゆかりの人だと言う。役場前に「木崎良子がんばれ」の幟り旗。誰だっけ？…ロンドンオリンピック女子マラソンの代表だ。いい成績が出たら、このあたり「木崎マラソンロード」になるかも。

岩滝小学校の角から山側にのぼると板列神社がある。読み方が分

1周は13キロほど。寄り道が多かったので15キロほど走った

からないが、男山付近で同じ神社に出会い、読み方を教わった。「いたなみ」神社だ。このあたり舗装道路だが、昔の面影が残るいい街道だ。支援学校の下で、国道にでて「菓子の館」でちょっと一休み。ここまででほぼ1時間。

休んだ後、丹後の国分寺の跡に登る。郷土資料館は休みだったので外観を見て湖岸に降りる。湖岸の遊歩道を、橋立の根元にある丹後の一宮、籠《この》神社にむかう。背後の傘松公園にはケーブルで上がる

廻旋橋　数時間毎に橋が旋回して大きな船が通行する

橋立の松並木・真水の地下水で育つ

傘松公園・みんな股のぞきをしている

丹後一宮の籠神社は元伊勢だ

ことができる。奥さまはケーブルだが、私は成相寺登山道を駆け登って傘松公園におりる。ケーブルにはちょっと負けたが15分で到着。傘松公園ではみな「股のぞき」で天橋立全景をながめている。

　私だけなら成相寺まで走るが、奥さんがいるのでおとなしく籠神社に戻る。この神社の奥にパワースポットで知られる真名井神社があると聞いたので寄り道。ジャーニーランは、目的地にむかって一路駆けていくのではなく、おもしろそうな所は必ず寄り道をする。入り口に「波せき地蔵」が立っていた。この神社は海抜40m、１３００年ほど前、大地震の津波が押し寄せたが、鳥居の前で津波をせき止めたのを記憶するために地蔵を建てたとある。関西電力の大飯原発の再稼働が論議されていた時だ。40mもの大津波があったことを考慮して議論しただろうか。二度と原発事故が起きないよう「波せき地蔵」にお願いした。

　本日のメイン、天の橋立の松原に入る。松原の長さはほぼ3キロ、硬めの砂の道。幅は１００メートルほどあり、見た目よりも広い。入口に健康マラソン発祥の地と書いてあり、ランニングの人も多い。橋立全部を歩く人は少ないのでランニング環境は最高。急いで走ってはもったいない。名前がついた松の銘木を見ながら走り、最後は名水１００選の磯清水でのどを潤

真名井神社　波せき地蔵：ここで津波を食い止めた

役場前：マラソンの木﨑選手応援のぼり

天の橋立：砂州上の家々は籠神社へつながる

す。しかし海の中の砂州の下にこんな真水が湧き出すなんて…。「地質百選」の説明は、景色の美しさだけではなく、松並木を育てる真水がなぜ砂州の地下に存在するのかという不思議が選定理由になっている。

細い水路に架かる廻旋橋はいまでも舟を通すために何回も旋回する。この橋を渡れば知恵の文殊堂。多くの観光客が訪れている。ここまで全行程で13キロ、寄り道が多くて3時間ほどかかった。

自転車の奥さまは「疲れた！」と天橋立駅から電車でもどる。私は残されたママチャリを返却するため自転車旅になる。ホテルの隣には日帰り温泉があった。ゆっくり入ってそのあとビール。横一文字の天橋立の上にほぼ満月が昇ってきた。翌日が月蝕とのこと。もう一泊して橋立上の月蝕を見たかったが、明日は東京でお仕事！

残念。

33

苔むした　円座石の　熊野古道

【那智の滝から雲取越ランニング】（２００５年９月）

　世界遺産に登録された熊野古道は、紀伊半島の熊野の山中の三社に詣でる参詣道で、小辺路、中辺路、大辺路、奥駈道、伊勢路などがある。平安の時代から天皇・貴族も熊野三山を目指し、庶民も「アリの熊野詣」と言われるほどの人がつながって歩いた。熊野三山とは熊野本宮大社、熊野那智大社、熊野速玉大社である。ふつうの参詣は、京都から船で大阪に下り、四天王寺から歩き始める。途中には九十九の熊野王子が祀られ、巡礼しながら進む。田辺からの道は中辺路《なかへじ》と呼ばれ、整備もよい。その昔は、京都からは三週間で往復した。

　本宮大社に参ったら熊野川を新宮に下り速玉大社に参り、那智大社に詣でて、再び本宮大社に戻る。那智から本宮までの間は大雲取越え・小雲取越えの難所を越える。この道は「死出の路」と言われ、多くの文人も死出の旅の記録を残している。大小の雲取を越えたら、「壺の湯」の湯の峰温泉で精進落としをして生まれ変わるそうだ。

　今回は大小の雲取越えを、田辺

の小森さんの案内で歩いた。那智の滝から請川まで28キロ、那智大社を朝早く出れば、昼には中間点の小口の集落に、夕方までには請川にでて本宮に参ることができる。しかしここは力任せに走るコースではない。足ではなく神秘的な心で走るにいい場所だ。

　巨大な杉並木の間では心が静まり、苔むした円座石《わろうだいし》や石仏の前では頭が自然に垂れる。走ろうと思わなくても、雲の中を浮かんで進んでいる神懸かり気分になる。熊野はそんな場所だ。ランナーズハイとはまた違った高揚感がある道だ。

　私は勝浦の親戚宅から車で送ってもらい大門坂を出発点にした。ここから石段を登り巨大な滝を見、那智大社、西国一番の青岸渡寺を通って、那智高原から舟見峠をめざす。那智大社からはほぼ500mを登った。ふり返れば那智勝浦の街、串本と大島も見える。那智高原の近くの妙法山からははるか遠く富士山も見えるというが、素人には見えない。ここから先には下界の景色はなく、山また山の景色のみだ。地蔵茶屋跡から石倉峠の苔むした石畳はすばらしい。

　峠には斎藤茂吉の「紀伊のくに

越前峠付近　苔むした石畳

ガケからころがりおちた卵型の石

森の中。手入れされた杉林

大雲取の峰ごえに　一足ごとにわが汗はおつ」の歌碑がある。土屋文明と大雲取を越えた茂吉は、途中二人の遍路者に出会い、人生観が変わったという。

今から760年前の歌人藤原定家は「終日険岨を超す、いまだか

円座石（わろうだ石）。神様の集会所

くの如きの苦しき事に遇わず、雲取紫金峰は掌を立つが如し……前後を覚えず……この路の嶮難は大行路に過ぐ、くまなく記すあたわず」と記録をあきらめている。

二人の大歌人も難儀をさせた峠道。きっとここには得体の知れない神さまが居るのかもしれない。世界的な博物学者の南方熊楠でさえ、雲取越えで何回も「ダル神」に出あったという。ダル神は山道で餓死した無縁仏の亡霊で、通りすがりの人に取り憑く。取り憑かれると飢餓感に襲われ足が停まり倒れてしまう。それを逃れるには、弁当の残りの幾粒かでも食うといいそうだ。たちまち癒って歩ける。道中で弁当は必ず三粒でも残しておくものだと古老が言う。ダル神がでるのは、大雲取の長谷の奥、小雲取の石堂峠、辞職峠や笊山峠のあたりの難所だそうだ。疲れ果てると取り憑かれるので、余裕を持って歩かないといけない。

越前峠を越えれば後は下りで、

長塚節の歌碑「羊歯の穂長を箸にきる…」

円座石を過ぎたらもう小口集落は目の前だ。円座石は神様仏様が座布団に座って語らっている場所だ。ダル神さまも一緒にいるのだろうか？

小口には元小学校を改築した宿泊所がある。小口から請川までが小雲取越だが、８００メートルの峰峰を越えた身には、４００メートルの道は浮き浮き気分のコースになる。道も里程標もしっかりしているので迷う心配はない。昔は茶屋もあったが今は休憩所になっているだけで山中に人家はなく、まさに深山幽谷、神々のすむ大自然という感じがする。

百間ぐら　熊野川が見える

石堂茶屋から請川バス停までは雲の上を走っているようだ。これまでに私の走った中では1、2を争う素晴らしい道だった。請川からまた山路になるが、今回はバスで本宮に向かった。

那智大社から大雲取越え小口まで4時間、小口から小雲取越え請川まで3時間半。まだ元気な頃の記録だが、今ならダル神に取り憑かれないように小口の宿泊所に泊まるだろう。

江本嘉伸「『三輪主彦との戦い』—スポーツが美しい、なんていったい誰が言ったのか—」『鏡の国のランニング』1988年、窓社

自分が出られなかったレースの結果がどうだったか待ち兼ねるようにして電話を相手にかけるのも、もしや途中でへばって棄権したのではないかと期待してのことであり、意に反して「いやまたベストを出しちゃって」などと聞いたら一晩寝れないほどの嫉妬心にさいなまれる。〈中略〉いち早くフルマラソンで3時間を切ったと知らされたら大変だ。言いたくないことだが三輪はそれを二度もやってのけた。表向きは「さっすがぁ」と驚嘆するが、頭の中は「距離は正確だったんだろうか？」などあらぬことを考え、その後1週間ぐらいはショックから立ち上がれない始末である。皇居一周では17分台（17分59秒だが）で走るなど、このところ小生が圧倒していることはすでに仲間内では広く知られているので詳しくは書かない。二人で走った最新の青梅マラソンでは2時間6分の好記録で小生がゴールインした時、三輪は10分あまり後ろを走っていたことについてもあえて書かない（あれっ書いてしまった気もするが…）。

＊　＊　＊

「競争などしない！」それがジャーニーランナーであるかのように述べたが、実は江本さんの文にあるような戦いを私たちは繰り返していた。戦後数十年、事実を認めて深く反省している。と言いながらまだ富士登山はどっちが速いかなどまだ競っている。困ったもんだ。（三輪）

第7章
かたじけなさに涙あふれる

34

神がいる　何かを感じる　ウルル岩

【聖地ウルル、かたじけなさに涙あふれる】（２０１２年８月）

オーストラリア大陸のほぼ真ん中に巨大な岩山がある。周囲何百キロはまっ平らな砂漠で遠くからでもよく目立つらしい。比高は３４６ｍ（海抜８６３ｍ）でスカイツリーよりも低いが、てっぺんからの眺めは３６０度地平線の果てまで見えるという。地図を見るとアリススプリングスの町がエアーズロック観光基地のようだ。浅はかにもこの町から走って登ろうと思っていた。詳細な地図を見るとなんと砂漠の中４００キロも先だ。さらにこの岩山は先住民アボリジニの聖地で、登らないで下さいとのこと。

南半球は春まだ浅い8月後半、アリススプリングスからは国内便でウルルを訪れた。眼の下は茫漠たる台地、所々に白い塩の塊が目立つ。こんなところを走ったら干からびる。

空港のまわりには観光用の高級ホテルが5軒、キャンピングサイトとロッジが数軒かたまっているだけ。ここからウルルまでは20キロ。ウルルというのは現地名、昔はエアーズロックと言った。50キロ先にあるカタジュタ岩群と合わせて世界複合遺産になっている。

公共交通の便はないのでツアーに参加するかレンタカーを借りるしかない。日没時に真っ赤に輝く岩山、日の出に刻々と日が当たりだす神秘的な様子を見るためにはレンタカーで行動するしかない。

翌朝ウルルに行くと登山客が大勢いた。岩の周囲は切り立っており登山は不可能に見えるが、一か所だけ緩やかな尾根がある。緩やかとはいっても細い尾根で強風が吹くと奈落の底に転がり落ちる。

今は鎖がつけられており、3時間で頂上往復はできる。しかし先住民にとっては、神聖な岩壁に杭が立てられ、鎖がつけられるのは許しがたいことだろう。

岩壁の下には「BASE WALK」とかかれた案内板が立っている。

ウルル遠景。周囲にまばらな林がある

岩山のまわりを歩くトレイルが整備されており、聖地を敬う人たちは1周巡礼をする。私も1周ランの聖地巡礼をすることにした。ほぼ10キロとある。さっそく短パンになり、カメラとペットボトルを持って走りだす。8月は春なので涼しいが、夏になると40度を越えることがある。その時には登山禁止になる。

時計回りに岩壁の下を走りだすとすぐに「聖域の写真禁止」の看板があった。どこが禁止区域なの

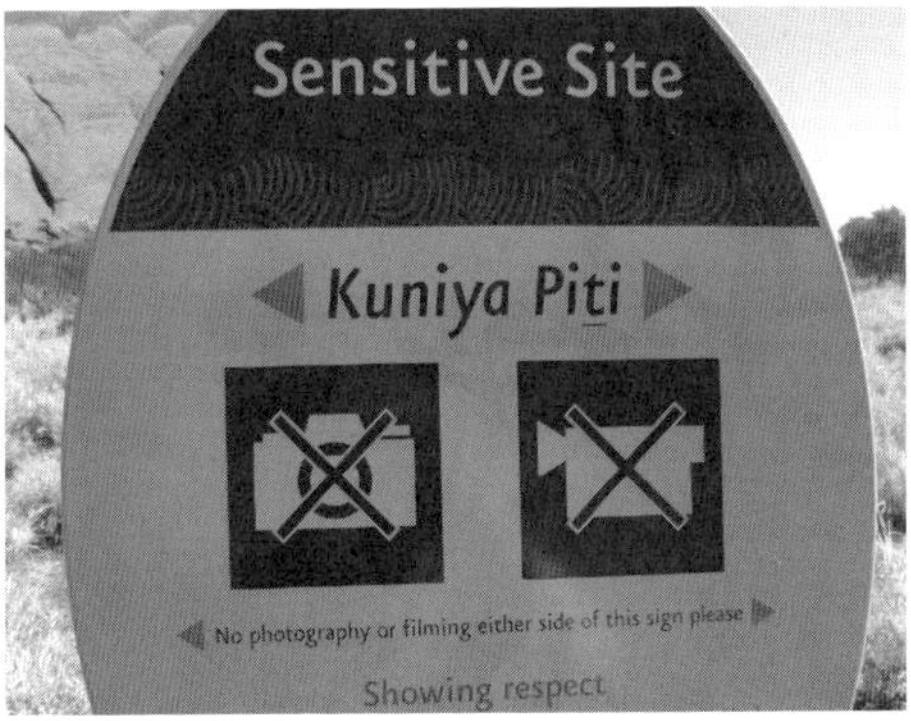

聖域：カメラ・ビデオ禁止

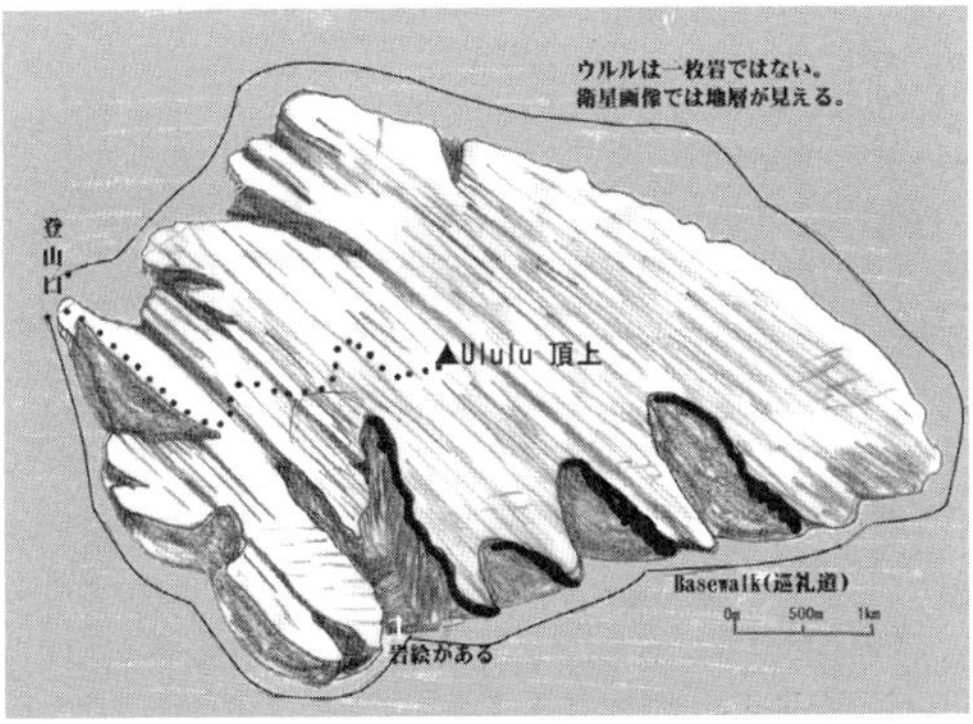

ウルルの周囲の地図

こんな恰好で走った

かよくわからないが、聖域をけがしてはならないので、ベンチなどにカメラを置いて自分を撮るだけにした。背後にちらっと岩が写るのは許してもらおう。

麓を歩く子連れのオーストラリア人に何組も出会う。子どもの頃にこんな楽しみを味わえるのはいい。

見上げる岩山はところどころ蜂の巣のような穴があいている。そ

水の浸食でできた窪

れぞれが聖域になっているので、写真でお見せすることはできない。自分がそこに立つと深い霊気を感じる。先住民の描いた岩絵の洞窟はまさにパワースポットだ。

こんなに乾燥した場所に人々が住むことができたのだろうか。空

子どもたちもしっかり装備をしている

からみた砂漠は干上がった塩の湖が点在していた。これは雨季には水が流れる証拠だ。ウルルの岩山の裾野には、写真のようなくぼみが続いている。これは明らかに水の流れた跡。トレイルは林の中につけられている。雨季に降る雨に

よって森林が岩の周りにリング状にできている。Googleの写真で見るとウルルは一枚岩ではなく重なった地層がはっきりしている。これは柔らかい地層が水の作用で削られたことを意味する。登山口の反対側には小さいながらもカビムティジュルと呼ばれる一年中枯れない泉池があり、恐ろしいへび女の伝説が残る。

カタジュタの岩群：風の谷の峠から

　各ポイントには休憩所もあり伝説をかいたプレートも立てられている。英語を読むのに時間がかかるし、興味深い場所が各所にあるので、1周10キロを回るのに2時間以上かかった。聖地巡礼は急いではいけない。

登山口、緩やかに見えるがかなり怖そう

　翌日はウルルのサンライズビューイングからかすかに見えるカタジュタの岩群に行った。こちらも先住民アボリジニの聖地だが、巨大な岩の間の「風の谷」を回る7キロのトレイルが整備されている。有名度が違うので人は少ないが、ウルルよりも登り降りもあり、驚くような景色に出あう。両方を訪れてはじめて世界複合遺産の意味がわかる。環境はまったく違うが熊野古道を走ったのと同じような「かたじけなさに涙あふれる」という神聖な感じを受けた。ただの大岩ではないことがわかった。

35 芭蕉さん　病んで越えてく　暗がり峠

【石だたみの暗峠、これも国道308号線】（2014年11月）

1694年9月9日に51歳の松尾芭蕉はこの峠を越え、

「菊の香に　くらがり登る　節句かな」

という句を残した。不遜にも、これぐらいなら私も詠むことができそうだと思った。しかし芭蕉は8日に伊賀上野をたち奈良で一泊して9日に峠を越えて大阪の住吉大社に向かった。すでに病に冒されて歩くのもままならなかったのに、わざわざ重陽の節句に合わせて40キロの道のりを歩いてきた。そんな状況で詠んだ句である。あらためて読むと芭蕉の執念が感じられる。なんとまあ私の思索の浅いことよ、と嘆きたくなった。

ここのところ日本のランニング旅の祖（私見）である芭蕉さまの足跡を追って走っている。一時「おくのほそ道」の本を持って深川芭蕉庵から奥州平泉まで辿ったことがあるが、一日の行程は30から40キロにもなる。「昔の人は歩くしかなかった」とはいうもののこの距離は半端ではない。かなり鍛えたランナーでも毎日そんな距離を走れるものではない。それも「おくのほそ道」の時には50歳に近い年齢である。

暗峠越えは芭蕉最後の峠越えである。数年前に大阪の住吉公園で芭蕉の句碑をみた。奈良から暗峠を越えて住吉さんに来たとあった。その時に「私も暗峠越えで住吉大社に参りたい」と考えた。昨年秋わが家の奥さまが「奈良に紅葉見物に行こう」といった。これ幸いと芭蕉の越えた「暗峠越え」も日程に入れてもらった。なにせ我が家は、旅行日程、予算執行などすべての権限が奥さんにあるの

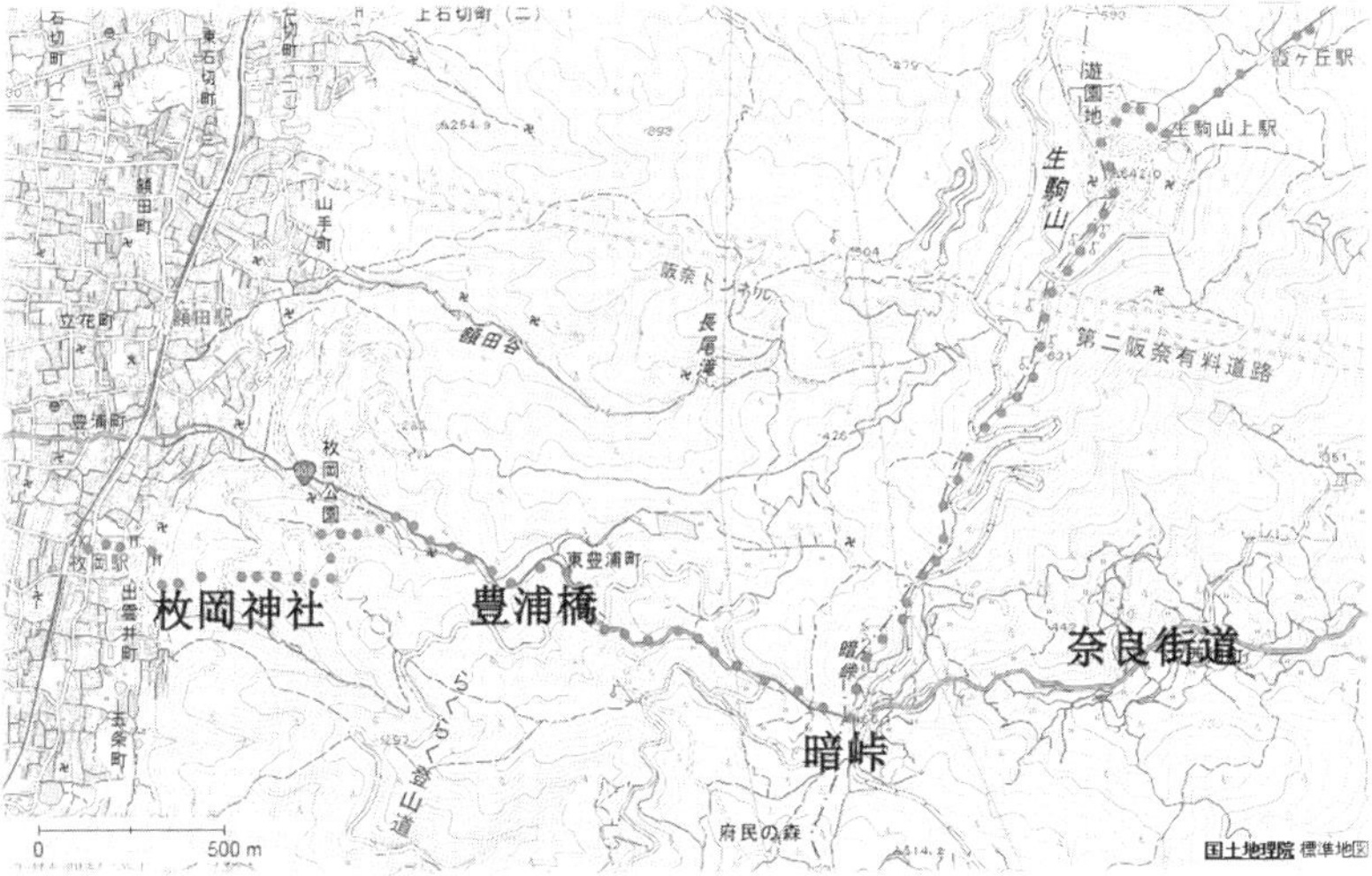

生駒山から暗峠へのコース

暗峠　大阪と奈良の県境、石畳がいい

ランニングスタイルの人たち

で、常に許可を受けなければならない。

　今回は奥さま同伴の走り旅なので、距離は10キロ以下、登りはケーブルでという条件がついている。出発は近鉄の生駒駅、ケーブルで生駒山頂まで登り、登山道を暗峠に下ることにした。これなら奥様でも大丈夫。生駒山（標高642m）は大阪平野と奈良盆地を分ける峰々の最北部である。山頂遊園地から大阪の街を一望し、ゆっくりと暗峠

バイクもあえいでいる。国道 308 号線

へほぼ3キロくだる。最初はテレビ塔電波塔が林立する道を行く。大阪は東京のように人工的な電波塔など作る必要もなく自然の電波塔が利用できる。これは幸せだ。

　残念ながら生駒の紅葉はすでに終わり枯葉の道に変わっている。

豊浦橋の指導標　奈良街道とある

ところどころで生駒スカイラインと交差しながら、よく歩かれている道を下る。ランニングスタイルの人たちと出会うが、みなさんそのスタイルでお散歩という感じ。地下鉄にのって気軽に山を散歩できる大阪の人たちは、「いいなあ！」と思う。

　暗峠は最近観光名所として少しは人々が訪れるようになった。いまは茶店も開いているのでお餅をいただいた。するとふろふき大根をサービスしてくれた。まだまだ人情の残る観光地でいい気分になる。峠は石畳が敷かれているが、小型の車がやっと一台通れる広さ。国道３０８号線と書いてあるが、観光バスなどとても入れないので、静けさはまだ残るだろう。いい峠道だ。私たちはここから大阪方面に下ることにした。

下り始めて驚いた。舗装はあるがこんな細くて急な坂、立っているのも難しい。かといって傾斜にあわせて走ると膝がガクガクになる。バイクでもかなり難儀している。自転車の人は、むっとした顔で押している。「これでも国道ですよ！」とサイクリストがいう。

豊浦橋近くの芭蕉の句碑のあたりからすばらしい紅葉が出てきた。ここまで急坂で完全に膝が痛んだので、酷道を下るのをやめて、枚岡《ひらおか》神社の裏の展望台への山道をたどる。登りでも山道の方がコンクリート道よりはるかに楽だ。紅葉の間からの大阪平野の眺めも最高だった。そのまま元春日大社である枚岡神社に出た。奈良の春日大社と同じ緋色の神殿だが、この日は紅葉の赤色が勝っていた。

芭蕉は暗峠から大阪平野に下って海に近い住吉大社まで行く。しかし体力を使い果たし主宰する句会には欠席。「旅に病んで　夢は枯野を　駆け巡る」という句を残し、数日後に亡くなった。わずか10キロで音をあげる軟弱ランナーに、「菊の香に…」の名句を批評する資格はないなぁ。

山全体が紅葉している

河内一宮・枚岡神社のモミジ

36

この人生　走れた御礼は　遍路旅

【第24番・室戸の最御崎寺への長い道】（2015年5月）

海陽町の遊遊NASAというホテルを出発して宍喰《ししくい》に向かってゆっくり走り出した。左手には細い湾が奥深くに入っている。まだ5月なのに真夏のような暑さが続いている。昨日もカンカン照りで、一緒に歩いた奥さんは熱中症のようだ。ホームセンターでママチャリを買い、奥さんは自転車で室戸をめざすことにした。

孫にも手がかからなくなり一応我らの役目はおえた。なにごともなく人生無事に過ごせた御礼に四国88カ所のお遍路にでようということになった。調べてみると全行程は1200キロもある。ふつうはバスツアーで行くようだが、厚く厚く御礼するためには歩いた方がいいだろう。しかし1回ではムリなので、10回程度にわけ、2年かけることにした。まだ3回、30カ所、300キロしかまわっていないので、大きなことは言えない。しかし四国遍路はジャーニーランの場所としては最高の環境があることに気づき記録しておこうと思った。

那佐から1時間ほど行った時に眼の前の高架を列車が通った。海部駅から宍喰をとおって甲浦に行く阿佐東線だ。阿佐というのは阿波と土佐のこと。国鉄が海岸線に沿って両国を通る線を計画した。西は後免から奈半利まで開通し「ごめんなはり」線として人気だが、東線は3駅だけ2002年に開通。その間180キロは未着工で、すでに計画は放棄されている。阿佐東線は100円稼ぐのに915円かかる日本一の赤字路線。そこから少し行くと道の駅わきに「リビエラ」という豪華ホテ

甲浦で終点。阿波と土佐の国境

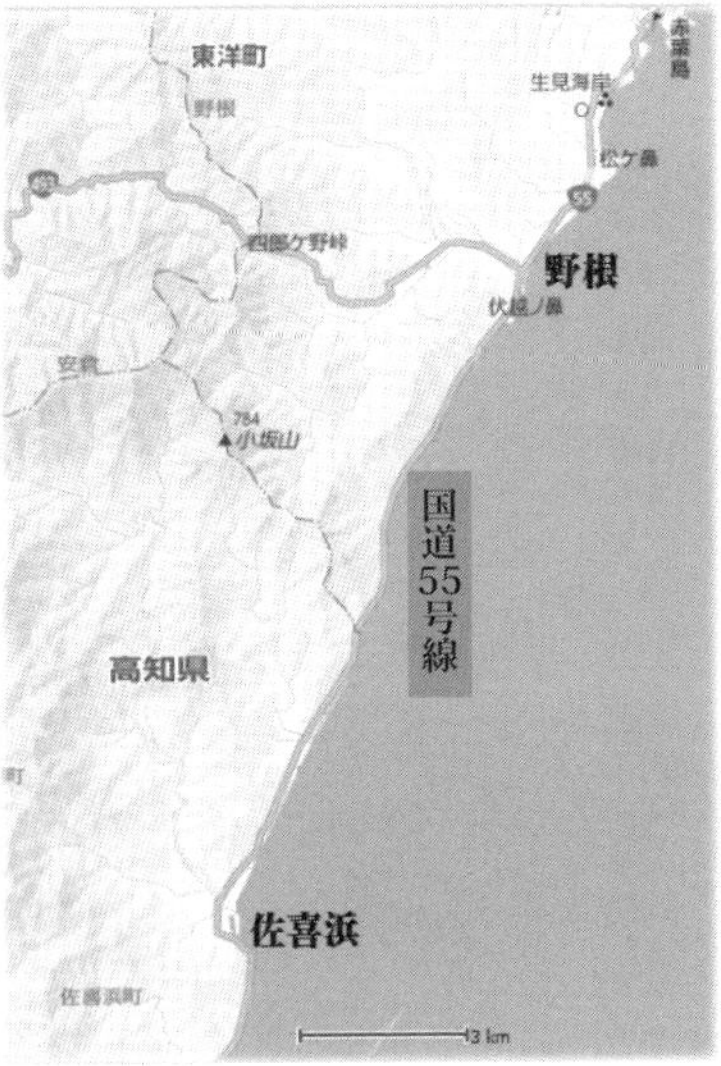

野根―佐喜浜間には何もない

ルがある。大赤字なのにちょっとやり過ぎというか…。

宍喰大橋を渡って旧道に入る。40年ほど前にこの道を通って「漣痕《れんこん》」に感動した。それがまだ残っているか確かめたかった。バイパスのおかげで旧道の拡張はなく、当時のまま波の化石である漣痕は残っていた。安心して気分良く旧道を行く。バイパスの水床トンネル出口が、徳島（阿波）と高知（土佐）の国境。ガソリンスタンド脇から東洋町の甲浦《かんのうら》の港町に入る。旧道沿いには立派な神社、お寺があり昔は栄えた港町のようだ。しかし通るのはデイサービスの車だけ。だいぶ前、東洋町の町長は原発の高レベル放射性廃棄物を受け入れると申し出た。「なんとか町

阿佐東線　国道 55 号線　宍喰の近く

の活性化を！」と考えたのだろうが、町民の反対で計画は消えた。原発の利権で過疎の村おこしを企画したところも多かっただろう。

甲浦は今はサーフィンの若者で少し賑わっている。でも鉄道を使う人はいないようだ。ここから先、道路は海岸沿いに延々と続いている。第23番札所から第24番までは80キロある。ふつうの歩き遍路は三日間かかる。目標がなくてつらいと言うが、私はこの間が楽しみだった。何も考えずただただ左右に足を出せばいつのまにか到着する。ふだんはボケ防止のための足し算をしたり漢字を思い出したり、あるいは電車の時間を気にしたり、雑念が多い。今回奥さんは自転車で先に行ったので気を使わなくてもいい。

野根から先は山が海にせまり、16キロの間に集落はないし、自販機もトイレもない。野根でおにぎりとお茶を買って、海岸線を行く。

漣痕

ここが阿波と土佐の境

ここでもお接待。福島の女性と

日陰がなくてただただ暑い。今回は1週間の予定なので日よけ帽子を用意したが、熱がこもって暑い。やはり昔ながらの麦わら帽子がよさそうだ。それでも気分はよく足に負担もなく佐喜浜の民宿徳増についた。途中民宿が2軒あるだけ、遍路はどちらかに泊まる以外の選択はない。菅元総理も泊まったそうだ。そう言えば野球の清原選手も、第二の人生に向かって遍路をしているが、どこかで追い越したようで、まだ来ていなかった。福島から来た女性は原発事故・津波にあった。詳しくは話さないが深い悲しみを宿していた。歩き遍路はみな心に重荷を負っている。お気楽にジャーニーランをしている私とは違う。

みくろ洞窟　空海はここで「空」「海」を意識した

第 24 番　室戸岬の最御崎寺についたよ！

　この民宿の裏は山、前は太平洋。こんな所で津波にあったら！と思うと夜も眠れない。なんとテレビで小笠原近海でM8・5の大地震があったと放送している。2時間ぐらいで津波が来ると緊張が走ったが、津波はないとのこと。一安心だが、ここはまったく逃げ場がない。集落がないのは、人々の生活の知恵なのだ。本日の行程は25キロ、8時間かかった。

　まだこの先900キロ、60札所も残っている。分け入っても分け入っても青い山（山頭火）の心境である。

37 江戸の街　さんぽで上れる　お富士さん
【都内七富士、江古田富士から音羽富士へ】（２００９年７月）

東京都内には富士山がいくつもある。江戸の昔、八百八講と言われる数の富士講があり、それぞれが人造のミニ富士山を持っていた。遠く富士山に詣でるのは大変なので、女、子どもは地元の富士塚にお参りをしたのだ。それぞれの講には修行を積んだ先達《せんだつ》がおり、講の男性を代わる代わる本物の富士山に案内した。今でも７月１日の山開きに、富士山麓の浅間神社には山伏姿の先達さんが集まる。静岡側の富士市や山梨側の富士吉田市など登山口にはたくさんの宿坊が立ち並び、信仰登山の人々で賑わっている。

２０１３年富士山は文化遺産として世界遺産に登録された。ゴミ問題など自然を保全しているとは言えず、「信仰の対象」として登録された。と言うことは、一番の信仰者であった江戸の人たちの功績だったと言える。対象は富士の浅間神社、登山道などで、遠くの三保の松原も「芸術の源泉」として選ばれたが、かなりムリがある。それなら江戸のミニ富士山も「信仰の対象」「芸術の源泉」で登録してもいいと思うのだが…。

もし江戸の時代に世界遺産があったとしたら江戸の富士塚群として登録されたかもしれない。すごい数の江戸町民が参詣し、浮世絵などの画材にもなったのだから。

都内の富士塚は私が巡っただけで60基ほどが確認できる。そのうち３つは国指定の重要有形文化財だ。

江戸の昔には「七富士巡り」が行われ、それぞれの講の親睦をかねて交流をした。今も山開きの日にいくつかの講で行われている

が、どこを巡るか、それぞれの講で決めているようだ。

そこで私流の「七富士巡り」のコースをつくり、7月1日の山開きの日に走って巡っている。富士山だけでなく日本各地の山はこの日が山開きのようだ。

私の七富士巡りコースを紹介しておこう。最初は西武池袋線江古田駅前の浅間神社にある「江古田富士」。そこから日大芸術学部前を通り、千川駅を越えた左側に富士神社前のバス停がある。ここには「長崎富士」がある。この二つは国指定の重要有形民俗文化財であり、ふだんは登ることはできない。

そこから池袋駅のびっくりガードをくぐり、雑司ヶ谷墓地を抜けて護国寺に向かう。護国寺の石段

江古田富士　山開き

音羽富士。護国寺内にある。

の下に「音羽富士」がある。神仏混淆の名残である。音羽富士は登山可能。登山道、合目石もちゃんと付いている。登頂には2分ぐらいかかる。音羽通りから江戸川公園をぬけ神田川の遊歩道に入る。

長崎富士の富士講の碑

面影橋で都電の駅を越えて、水稲荷神社脇の甘泉園に入る。登っていくと公園にはそぐわない塀に囲まれた「高田富士」がある。これは江戸で最初に造られた富士塚だ。昭和38年までは早稲田大学構内にあったが商学部校舎建設の際にここに移築された。

　また神田川に戻り、高戸橋で明治通を越え、新目白通りを下落合の駅まで行く。線路を越える道が八幡通りで、公園上方の月見岡八幡境内にある幼稚園の奥に小さな「落合富士」がある。園児に不審者と思われないよう、声をかけてからお参りしよう。1分で登頂できる。八幡通りから小滝橋に出て、「神田川」の歌碑をみて青梅街道に出る。この道を新宿方面に登っていくと左手に成子天神の鳥居が見える。この境内に立派な「成子富士」がある。頂上には真っ白な木花咲耶姫の立像がある（２０１５年にはなくなった）。

　神社の裏手に出ると新装なった旧職安通りである。山手線のガードをくぐると左手は韓国料理街、

広重の「目黒新富士」（今はない）

成子天神の富士塚、上に木花咲耶姫の像（今はない）

明治通を越え右に入ると新宿文化センター。その背後の斜面に西向天神の「東大久保富士」がある。境内には藤圭子の「新宿の女」の歌碑がある。富士塚とは関係ないかな！これで七富士巡りは終了。ほぼ15キロの距離だが、オリエンテーリング風ランニングなので4時間ぐらいかかる。

新宿駅に戻るときには花園神社の「新宿富士」を通ることもある。花園神社にも藤圭子の歌碑がある。通常は西向天神の前の道を登って市杵島姫の「抜弁天」に出て、久左衛門坂を下り、東宝湯の漢方の湯で疲れをとる。東宝湯から大江戸線東新宿駅まですぐだ。

富士山山開き　7月1日富士吉田北口浅間神社

38

震災で　景色一変　声もなし

【むかし走った街が消えていた】（1999年11月、2011年6月）

1999年11月、私は東北本線の陸前山王駅から芭蕉のたどった道を追いかける走り旅（ジャーニーラン）をしていた。多賀城跡、塩釜神社、松島、奥松島、小野を過ぎ石巻の日和山を経て北上川を上り、長沼、柳津から登米に出た。さらに有壁から一関に出て、平泉に到着し、芭蕉の旅を終えた。

2011年3月11日の大地震、大津波はこの時に走った地域を壊滅状態に追い込んだ。テレビなどで被害状況を見聞きするたびに、下見を含めて何回も自分の足跡を印した場所を思い出した。「なんで、どうして！　あの場所、あの人たちがひどい目に逢わなけりゃいけないの？」何度問い直しても訳がわからない。地震から4カ月目、女川の被災地へガレキ撤去の手伝いに出かけた。仙台からの行き帰りに見覚えのある道を通った。あの時と変わらない場所もあるが、街並みが全く消え去っている場所もあった。あの時には石巻では爪が剥がれて痛さで涙が出たが、今回は心の痛みでまたもや涙が出た。

※快ランコースと称して、気分よく走れるコースの紹介をしているが、今回は走る状況ではない。しかし数年後に復興なったこの地をもう一度快適に走れるようにとの願いを込めて1999年のコースの記録を再録することにした。「日本列島ほぼ縦断走り旅」（私家本2001年発行）の「みちのく編」を要約した。

◆多賀城　壺《つぼ》の碑《いしぶみ》（1999年11月6日）

昨日は体育会系ランニングだっ

たが、今日は文化系ランニングになりそうだ。この区分は越田信さんの命名だが、なかなか的を得ている。時には体の続く限り走って見るのもよいし、歴史・地理などを考えながら走るのも楽しいものだ。本日の見所は歴史の道。まさに文化系ランニングの日だ。ＪＲ線陸前山王駅を越えて古代の北方の守りの拠点だった多賀城跡に登る。芭蕉が多賀城の「壺の碑」に出会ったときの感動は読む人にもひしひしと伝わってくる。この感動は自分の足でその地に立ってみるとさらに深まる。芭蕉は壺の碑を見て「眼前に千年前の古人の心を見る思いがする。旅のありがたいところはここにある」と涙を流す。しかし「待てよ、この石は砂岩じゃないか。千年もたてば表面はボロボロになり文字など読めるはずはない」とへそ曲がりは疑問を呈する。でもそれが文化系の旅のたのしみなのだ。

壺の碑：高台にあるので被害なし

（2011年6月：多賀城跡は整備が行き届いている。しかし大路の前の砂押川まで津波が押し寄せ、がれきの山ができていた。城跡の松並木に芝生、その手前のがれきの山、現実の奥の細道だった）

◆松島はすでに復興

　松並木の多賀城跡から奥州一宮の塩釜神社へは芭蕉も通った「奥の細道」を行く。芭蕉以前から奥の細道はあった。そこから芭蕉は「おくのほそ道」のタイトルで紀行文をものした。

（11年6月：高い石段の上にある塩釜神社は無事だったが、お神酒を造る「浦霞」の酒蔵は壊れ、いま復旧の最中。私の好みの「浦霞」

だ。しっかり飲んで復興支援をしなくては。塩釜神社からは国道45号線を松島に向かう）

（11年6月：海岸に出ると津波の被害が目立つ。信号は未復旧で神奈川県警が手動で誘導している。おもて通りからは松島の被害はほとんど見えない。津波の跡もほとんどない。前面にある浦戸の島々が防波堤になって津波を防いでくれたのか。すでに大勢の観光客が訪れていた）

◆奥松島、野蒜から鳴瀬川へ

松島は一大観光地だが、走り道としては奥松島の海岸の方がよい。45号線を離れ、仙石線に沿って紅葉を愛でながら体育会系のスピードで走ったら左足中指の爪が浮いてきた。しかし東名運河の松並木を見ながら行けば気分は晴れる。雉の夫婦が道を横切った。運河沿いには野蒜石の石切りの跡がある。大谷石と同じ凝灰岩だ。地元では土台や塀に使われている。仙石線の野蒜駅の近くのコンビニでコーラを買う。

（11年6月：野蒜駅は壊滅状態、東松島は松島と違って津波でめちゃくちゃになった。東名運河を伝わって津波が入ってきた。運河がなければ野蒜付近は被害はなかったかもしれない。自然を安易に改変してはいけないということか。堤防道は鳴瀬川の堤防に上がる。堤防下の田畑はまだ泥で覆われ、今年の作付けはムリだろう。泥の中に流れてきた車が放置されている。農家は家の形は残すが、もう使えないだろう）

仙石線野蒜駅。壊滅状態

◆鳴瀬川の三輪神社

鳴瀬大橋で再び45号線に合流する。橋を渡った高台に三輪神社の看板が見えた。ここ数年勝手に一族の守り神として全国の三輪神社巡りをしている。そんな私にとってこれは大発見。ぼーっと走っているようだが、結構周りに目を向けているのだ。村の鎮守さま程度だが鳴瀬川の平野を見下ろすすばらしい場所にある。この神社に登ったら爪の痛みが引いてきた。やはりご利益があるのだ。

三輪神社の石段が崩れていた

（11年6月：三輪神社の石段は大きく崩れていた。その脇から上がってみると赤い鳥居は新しくなっていた。眼下は田んぼが広がっているがまだ泥が溜ったままだ。住宅街のそばに船も放置されている）

◆陸前小野から石巻へ

仙台からすでに8時間、しかし距離は45キロしか来ていない。あちこち文化系的見物が多かったからだ。JR線陸前小野駅前で遅い昼食をとる。芭蕉はこのあたりでのどが渇き、村人に水を所望したが、だれも取り合ってくれないと

日和山から見下ろす芭蕉と曽良

石巻　日和山から

津波で流された車

女川　尾浦漁港　地盤沈下

恨みを込めている。私にとっては気分のいい町だ。松島基地の自衛隊の飛行機が次々に飛び立つ。それを見ながら石巻に向かう。芭蕉は道に迷って石巻に来たと書いているが、これも文学的創作。曽良の旅日記では予定のコースだった。私は予約した旧北上川沿いの、私には似つかわしくない河畔の宿に泊まる。ビールを飲みながらサッカーのカザフスタン戦をみる。絶叫中継はフジテレビの長坂くんだった。11時間で走行65キロ。代償に爪が剥がれた。

(11年6月:石巻の惨状は筆舌に表わしようがない。石巻を見下ろす日和山には芭蕉、曽良の像が悲しそうに立っている)

おわりに

プロフィールをどうしようか、少々困っていたら、私の退職時に長野亮之介さんが描いてくれたイラストが目に付いた。退職した後はただそこらを走りまわっていたのでプロフィールは57歳まで、以降は「走り旅三昧」でいいかなと考え、次頁のイラストを載せることにしました。

本書は山西先生が編集しておられる『ランニングの世界』誌（年2回発行、創文企画刊）に長期間にわたり連載させていただいた原稿を収録したものです。題名はつけかえました。全部七五調になっていますが、それは走友の田口幸子さんがつけてくれました。

各章末にはそれぞれ独自のランニング観を持って走っている人の文章を引用させてもらいました。まさに「虎の威を借りて」権威づけをやりました。みなさんありがとうございました。

表紙とプロフィールイラストを描いてくれた長野亮之介さんと丸山純さん、ありがとうございました。校正はプロの平山泉さんにビール1杯でお願いしました（まだ実現していないけど）。一緒に走ってくれたみなさん、なかでも下島伸介さんには特別に感謝です。

あと、これまで走り旅の資金提供してくれた奥さんの三輪倫子、写真のモデルになってくれた孫たちにも感謝。

もちろん創文企画の鴨門義夫さん、鴨門裕明さんの努力なくしてこの本はできませんでした。感謝。

みわかずひこの走猿有脳的人生双六
START
天上天下唯我独走
1944年
@大分市
みわかずひこ誕生
Oh! my GOD
1945年 広島移住
1996
エクアドル
世界最高のマングローブ
1992 モンゴル
ゴビ
化石調査
中学から東京、板橋区に移住
サッカー小僧@小石川高校
右ウイング
100メートル
12秒!
ジャーニー・ラン(journey run)
東海自然歩道完走1343粁

2003年3月9日発行 / 製作：地平線会議 / 企画：E本Y伸 / イラスト、構成：N野R之介 / 進行：M山J

【著者紹介】
三輪主彦（みわ　かずひこ）
大人のための科学塾「みわ塾」主宰。地平線会議世話人。
主な著書に、『ぼくのトルコ語探検』（南雲堂）、『川遊びから自然を学ぼう』（フレーベル館）、『ジャーニーランのすすめ』（共著、窓社）、『地域からつくるあしたの地球環境』（共著、実教出版）、『宇宙と地球の小事典』（共著、岩波ジュニア新書）。走歴50年。元高校教諭。

文中の以下の地図については、筆者が地理院地図に加筆、編集して作成。
P.17…三輪山　P.57…八王子　P.120…三国峠　P.157…生駒山　P.137…神津島

ちょっとそこまで走り旅

2015年11月25日　第1刷発行

著　者　三輪主彦
発行者　鴨門裕明
発行所　㈲創文企画
〒101-0061　東京都千代田区三崎町3－10－16　田島ビル2F
TEL：03－6261－2855　FAX：03－6261－2856
http://www.soubun-kikaku.co.jp
装　丁　長野亮之介（もへじ堂）
印刷・製本　壮光舎印刷㈱

ISBN978-4-86413-073-8